서민의
부자되기 습관

서민의 부자되기 습관

1판 1쇄 발행 2020년 11월 10일
1판 2쇄 발행 2021년 08월 25일

지은이 강용수
펴낸이 백미옥
펴낸곳 리더북스
출판등록 2004년 10월 15일(제2004-000132호)
주소 경기도 고양시 덕양구 지도로 84 301호(토당동, 영빌딩)
전화 031)971-2691
팩스 031)971-2692
이메일 leaderbooks@hanmail.net

ISBN 979-11-90616-10-2 03320
잘못 인쇄된 책은 서점에서 바꾸어 드립니다.

120억 서민갑부의 돈이 일하게 하는 습관

서민의
부자되기 습관

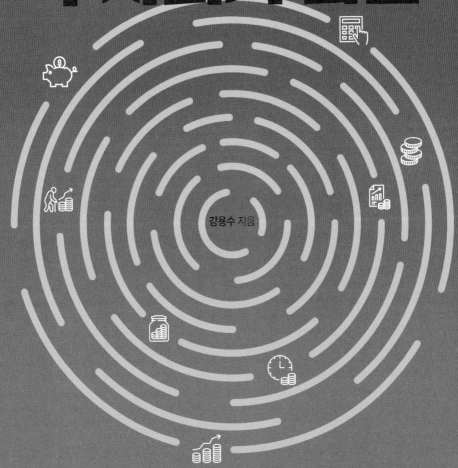

강용수 지음

리더북스

나는 모든 위대한 사람들의 하인이고,

또한 모든 실패한 사람들의 하인이다.

위대한 사람들은 사실 내가 위대하게 만들었다.

실패한 사람들도 사실 내가 실패하게 만들었다.

나는 기계처럼 정확하게 움직이지만,

또한 인간의 지성을 가지고 있다.

나를 변화시키는 사람은 이득을 볼 수 있지만,

그렇지 못하면 파멸을 맞을 수도 있다.

어느 쪽이든 내게는 아무런 상관없지만,

만일 내가 필요하다면 나를 훈련시키고 엄격하게 대하라.

그러면 나는 이 세상을 다 줄 수 있다.

그러나 나를 너무 쉽게 대하면 여러분을 파멸시킬지도 모른다.

나는 누구일까?

나는 바로 '습관'이다.

  나에게 부자가 되는 방법을 가르쳐주는 사람은 없었다. 집안 형편이 어려워서 일찌감치 대학 진학을 포기하고 사회생활을 시작한 나에게, 낮에는 회사에서 일하고 밤에는 야간대학에 다니던 나에게, 하루라도 빨리 가난에서 탈출하여 부자로 살고 싶었던 나에게 부자가 되는 방법을 가르쳐주는 사람은 아무도 없었다. 서점에서 경제경영서, 자기계발 책을 구입해 무작정 읽기 시작했다. 경제용어는 생소했고 이해할 수 없는 내용이 대부분이었다. 공부를 하면서 느낀 것은 내가 자본주의의 기본 원리조차 모르고, 경제지식이 턱없이 부족하며, 금융문맹자였다는 사실이었다. 경제독립을 하고 부자가 될 수 있는 준비가 전혀 안 된 상태로 빨리 가난의 굴레에서 벗어나기만을 바랐던 것이다. 또 한 가지 깨달은 점은 부자들의 생각습관과 행동습관을 내 습관으로 만들지 못하면 절대로 부자가 될 수 없다는 것이었다.

  사람의 생각과 행동의 95퍼센트는 습관에 영향을 받고 그 습관에서 자질과 능력이 조금씩 길러진다. 러시아의 교육자 우신스키가 한 말은 나에게 결정적인 영향을 미쳤다. "좋은 습관은 사람의 사고방식에 존재하는 도덕적인 자본이다. 이 자본은 계속 늘어나며 사람들은 일생을 살아가면서 그 이자를 얻는다. 반대로 나쁜 습관은 도덕적으로 갚지 못한 빚이다. 이 빚은 계속 이자가 붙어 사람을 괴롭힌다. 나쁜 습관은 사람의 노력을 물거품으로 만들기도 하고, 심하면 한 사람을 도덕적으로 파산시키기도 한다." 맨주먹으로 내가 할 수 있는 최선의 일은 나쁜 습관을 좋은 습관으로 바꾸는 것이었다. 그것이 내가 가진 자본이었다. 그러나 습관은 하루아침에 바뀌지 않는다. 습관을 바꾸는 일은 거의 '혁명'에 가까운 일이다. 습관을 바꾸려면 반드시 굳은 의지와 노력이 뒤따라야 한다.

나는 소비 습관부터 바꿔야겠다고 결심했다. 어느 부자는 "1원을 써서 2원의 이윤을 벌어들일 수 있을 때만 1원을 쓰라"고 강조했다. 나는 '왕소금'이란 말을 감내하며 한 푼 두 푼 아끼고 절약했다. 강제저축을 하고 가계부를 쓰면서 재정상태를 점검했다. 신용카드 대신 체크카드를 사용했고, 자동차를 사지 않았으며, 브랜드에는 눈길도 주지 않았다. 유행을 좇아 신형을 사지 않고 멀쩡한 구형을 10년 넘게 사용했다. 남들이 맛집 찾아다니고 해외여행을 다닐 때 재테크 공부를 했다. 20대 중반부터 30대 후반까지 근 15년 동안 긴 시간을 이렇게 인내하며 투자할 종잣돈을 모았다. 내 인생에서 가장 길고 너무나 고통스럽고 힘들었던 시간이었다.

종잣돈 1,000만 원을 모은 사람은 다음번에 또 1,000만 원을 모을 때는 더 수월하다. 왜냐하면 종잣돈 1,000만 원을 만들 때 돈을 절약하는 요령이 생겼고, 소비 습관이 충동소비에서 계획소비로 바뀌었고, 돈을 모으는 재미와 즐거움을 알고, 이미 만들어놓은 1,000만 원이 나를 위해 일하면서 추가소득을 발생시키고 있기 때문이다. 어떻게든 1,000만 원의 종잣돈을 모을 수 있는 사람은 1억, 10억의 투자금도 만들 수 있다. 부자가 될 여러분도 반드시 투자할 종잣돈을 모으기를 바란다.

한 살이라도 젊을 때 투자하면 복리의 마법으로 돈이 눈덩이처럼 불어난다는 부자들의 말을 나는 실천했다. 실적이 좋고 성장 가치가 있으면서 고정수익이 발생하는 모든 수익형 자산을 공부하고 투자하기 시작했다. 그 결과 자산소득이 월급보다 많아졌다. 마흔 살에 다니던 회사를 그만두고 사업을 할 수 있는 기회를 얻었다. 기계설계 분야에서는 전문가로 통했기에 사업이 본궤도에 오르기까지는 긴 시간이 걸리지 않았다. 수익형 자산과 사업에서 나오는 소득은 처음 몇 년간은 매우 천천히 올라갔다. 자산은 한순간에 증가되지 않고 차근차근 만들어진다. 그러나 돈을 벌고 모으고 유지하고 쓰는 능력을 골고루 갖추게 되면서 어느 순간부터는 자산이 급속도로 증가하기 시작했다. 부자의 경쟁력은 10년 후를 내다보고, 1년을 계획하고, 하루하루를 헛되이 보내지 않는 성실함에서 생겨난다는 것을 실감했다. 이렇게 부자가 되는 과정은 겪어본 사람만이 안다. 여러분도 말로 표현할 수 없는 그 희열을 맛보기 바란다.

2017년에 《부자는 돈이 일하게 한다》를 출간했을 때는 자산이 70억

이었다. 3년 만에 자산이 120억 원으로 불어났다. 앞으로 몇 년이 지나면 20대 초반에 간절하게 부자가 되고 싶어했던 한 청년의 꿈이 이루어질 것 같다. 그 꿈은 빌딩 소유주가 되는 것이었다. 지금 나는 8층짜리 빌딩 소유주가 되기 위해 가치분석, 가격동향, 투자비, 투자금 조달 기간 등을 분석하여 만든 기획서를 토대로 은행 지점장, 세무회계사, 부동산중개업자, 건축업자, 건축사, 토목설계사 등과 자주 미팅을 하면서 전문가들의 조언을 경청하고 있다.

그동안 나처럼 가정 형편이 어렵고 배움이 부족하고 노력한 만큼 빠르게 결과가 나오지 않아서 낙심하는 사람들을 많이 보았다. 첫 책을 낸 뒤로 여러 기관에서 강의를 하며 이 시대를 힘겹게 살아가는 직장인, 자영업자들도 많이 만났다. 사람들은 빨리 부자가 되는 노하우를 알려달라고 했다. 그러나 빨리 부자가 되려고 하면 부자가 될 수 없다. 먼저 돈을 제대로 벌고, 쓰고, 모으고, 투자하는 능력부터 갖춰야 한다. 돈을 다루는 능력이 없으면 돈은 먼지처럼 금방 날아간다. 돈을 관리하는 일은 저절로 이루어지지 않는다. 돈은 활용할 준비가 된 사람에 의해서만 확장될 수 있다. 막연히 돈이 많으면 좋겠다고 바라지 말고 종잣돈이 마련되었을 때 활용할 수 있는 핵심능력을 갖춰야 자산을 점점 키워 나갈 수 있다. 만약 10억 원을 벌고 유지하려면 그 돈을 운용할 만한 사람이 되어야 한다. 돈이란 있다가도 없고 없다가도 생기는 것이지만 한번 습득한 지식과 능력은 영원히 나의 것이다. 이 책을 읽는 여러분은 머지않아 금융자산 10억을 가진 우리나라 최상위 부자가 될 것이다. 그 전에 돈을 운용할 수 있는 핵심능력을 미리 갖춰놓기를 바란다.

　간절하게 부자가 되고 싶지만 그 방법을 몰라서 막막하고 답답했던 사람들에게 이 책이 하나의 길잡이가 되었으면 좋겠다. 미래가 불안한 사회초년생, 직장인, 맞벌이 부부, 자영업자, 은퇴 준비가 안 된 중장년, 재테크를 공부하는 사람들에게 이 책이 작은 희망과 용기를 줄 수 있다면 더이상 바랄 것이 없다. 누구나 월급보다 많은 자산소득을 만들 수 있다. 지금 당장 시작하라.

강용수

3장 부자가 되는 첫걸음

4장 돈이 일하게 하라

5장 부자들의 돈 버는 습관

1장

빨리 부자가 되려고 하면 부자가 될 수 없다

CHANGE ONE HABIT, CHANGE YOUR LIFE

돈을 다루는 능력이
뒷받침되어야 한다

어떤 주인이 타국에 가면서 종들에게 거금을 맡긴다. 각각의 재능에 따라서 5달란트, 2달란트, 1달란트를 맡기고 세월이 흐른 뒤에 돌아왔다. 5달란트, 2달란트 받았던 종들은 그 돈으로 장사를 하여 받은 만큼 이문을 남겼다. 그러나 1달란트 받았던 종은 돈을 땅에 묻어 두었다가 주인에게 그대로 돌려주었다. 종들이 받은 달란트는 상당한 거금이었다. 1 달란트는 5억에서 10억 정도의 가치라고 한다. 만약 여러분에게 어떤 사람이 현금 10억 원을 맡기고 절대 잃지 말라는 조건을 붙인다면 그 돈을 가지고 어떻게 하겠는가?

10억은 1년에 1,000만 원씩 100년을 모으고, 1년에 1억 원씩 10년을 모아야 만들어지는 거금이다. "돈이 생기면 그때 가서 생각하겠다"고

답한다면 기회를 활용할 준비가 안 된 상태다. 피와 땀으로 돈을 모은 경험이 없다면 올바른 판단을 하지 못하고 돈을 효율적으로 운영하기 어렵다. 돈을 다룰 수 있는 준비가 안 된 상태에서 현금 10억이 주어진다는 것은 어린아이에게 칼을 주는 격이다. 능력을 갖추지 못한 사람은 손에 쥔 칼을 보검으로 만들지 못한다. 세상과 사람 공부, 돈 공부가 부족한 사람은 이 돈을 이렇게 쓸 것이다.

1. 주변에 과시하고 싶은 마음이 강해서 사치와 향락에 쓰고 도박에 빠지기 쉽다.

2. 사람과 돈의 속성을 모르니 돈을 보고 모여든 사기꾼에게 사기를 당한다.

3. 돈을 불리는 법을 몰라서 그냥 안전하게 은행에 넣어둔다. 그러나 금리가 연 1%도 되지 않아 자산이 거의 늘어나지 않는다.

4. 10억짜리 부동산을 사서 거주하거나 임대료를 받는다. 이 방법이 괜찮은 것 같지만 임대차 계약이 뭔지도 모르는 사람은 부동산중개소에서 하는 말만 믿다가 손해를 볼 수 있고, 건실하지 못한 세입자를 만날 수도 있다.

5. 주식이나 펀드에 투자한다. 주식의 '주'자도 모르는 사람은 주변에서 오를 종목을 추천해주면 돈을 벌고 싶은 욕심에 '묻지 마' 단타 매매를 하고 결국 큰 손해를 볼 가능성이 높다.

6. 사업을 하거나 가게를 차린다. 경험도 없고 아이템이나 인적 자산을 갖추지 못하고 근로소득세가 어떻게 계산되는지도 모르는 사람이 사업이나 장사를 한다는 것은 무모한 일이다.

내가 아는 분은 도시 중심가에 빌딩을 소유하고 있는데 자식을 바르게 키우지 못한 것을 후회하고 있다. 하나뿐인 아들은 나쁜 친구들과 어울리며 부모 속을 썩였다. 아버지는 방탕한 아들을 못마땅하게 여겼고 부자지간은 불화의 연속이었다. 이러면 자식이 인생을 망칠 것 같아서 지인에게 부탁해 겨우 일자리를 만들어줬다. 하지만 아들은 오래 버티지 못했다. 어느 날 아들이 마음잡고 장사를 해보겠다고 해서 기특하게 여기고 장사 밑천을 대줬다. 하지만 잠시뿐이었다. 다시 사치와 향락에 빠지고 가게 운영을 제대로 하지 않았다. 1년도 안 돼서 가게 문을 닫았다. 지금 그 아들은 직업 없이 빈둥빈둥 놀면서 부모에게 빌딩을 물려받아 임대수입으로 편하게 먹고살 궁리만 하고 있다.

부모님에게 물려받을 유산이 있는 사람이 다 그런 것은 아니지만, 대체로 힘들게 일하지 않으려고 한다. 한 푼이라도 아끼고 저축하지 않는다. 그러나 자수성가한 부자들은 돈의 소중함을 잘 알고 있다. 부자가 되기 위해 먹고 싶은 것, 사고 싶은 것, 놀러 다니고 싶은 것을 참고 마른 수건도 다시 짜며 힘겹게 살아왔기 때문이다.

어미 매는 절벽 위 둥지에 있는 새끼들이 날아야 할 때쯤이면 일부러 먹이를 공중에서 떨어뜨린다. 먹이가 둥지에 떨어지기도 하지만 그렇지 않은 경우도 많다. 새끼들은 먹이를 받아먹으려고 위험을 무릅쓴다. 그러다가 절벽 아래로 떨어져 다리가 부러지는 경우도 생긴다. 어미 매가 이렇게 하는 이유는 새끼들이 곧 비상하는 매가 되어 질긴 생명력으로 살아가기를 바라기 때문이다.

준비된 사람만이 부자가 될 수 있다

돈을 제대로 벌고, 쓰고, 모으고, 투자하는 능력을 갖추지 못한 사람에게 돈이 생기면 먼지처럼 금방 날아간다. 돈을 관리하고 지켜내는 일은 저절로 이루어지지 않는다. 사람들은 5,000만 원이 있으면, 1억 원이 있으면 잘 관리할 수 있다고 장담한다. 하지만 돈을 관리하는 일은 쉽고 간단하지 않다. 많은 돈이 기회를 주는 것은 맞지만 돈이 제공하는 기회는 활용할 준비가 된 사람에 의해서만 확장될 수 있다. 돈이 아니라 돈을 운용할 지식과 경험, 안목과 끈기 등이 기회를 준다. 막연히 돈이 많으면 좋겠다고 바라지만 말고 돈이 마련되었을 때 활용할 수 있는 핵심능력을 갖춰야 자산을 점점 키워나갈 수 있다. 운이 좋아서 많은 돈이 생겼어도 그것을 지켜낼 수 있는 능력과 지속적인 부를 창출할 수 있는 핵심역량이 없다면 그 돈은 내 돈이 아니다.

돈을 벌고 모으고 지키는 경험은 매우 중요하다. 10억을 벌고 유지하려면 그 돈을 운용할 만한 사람이 되어야 한다. 그 자질과 능력을 갖췄다면 기회를 잘 활용할 수 있다. 실적과 가치가 높은 기업의 주식이나 펀드 또는 수익형 부동산 등에 장기투자하여 막대한 부를 축적할 수도 있을 것이다. 돈이란 있다가도 없고 없다가도 생기는 것이지만, 한번 습득한 지식과 능력은 영원히 나의 것이다.

돈은 누구에게나 찾아오지만 준비되지 않은 사람에게는 패가망신이라는 혹독한 교훈을 남기고 떠난다. 파스퇴르는 말했다. "우연은 반드시 준비된 사람에게만 찾아온다." 오랜 시간을 심사숙고하고 지식과 경험을 축적했기 때문에 그 해답을 우연히 얻을 수 있다. 이 책을 읽는 여러분은 머지않아 금융자산 10억을 가진 최상위 부자가 될 것이다. 그 전에 돈을 운용할 수 있는 핵심능력을 미리 갖춰 놓기를 바란다.

요행을 바랄수록
부자의 길에서 멀어진다

전국에는 1등 당첨자가 수십 명 나온 로또 판매점들이 있다. 토요일 오후가 되면 그곳에는 길게 줄지어 내 차례가 오기만을 기다리는 사람들로 북새통을 이룬다. 여섯 숫자만 맞히면 그야말로 1,000원으로 10억 원이 넘는 당첨금을 받는 행운의 주인공이 된다. 1,000원을 투자해서 10억 원을 버는 복권의 수익률은 무려 백만 퍼센트이다. 수학적으로 로또 1등에 당첨될 확률은 814만 분의 1이다. 갑자기 벼락 맞을 확률인 180만 분의 1보다 훨씬 높다. 그런데도 매주 로또 복권을 사는 사람들은 줄어들지 않는다. 일확천금을 노리는 사행심이든 경제적으로 팍팍한 삶에서 벗어나고픈 욕망이든 빨리 부자가 되고 싶은 마음은 같을 것이다.

기획재정부 복권위원회에 따르면 2020년 상반기 복권 판매액은 2조

6,208억 원이라고 한다. 될 수 있으면 힘들이지 않고 많은 돈을 벌고 싶은 것이 인간의 본성이다. 인생 역전을 꿈꾸며 로또와 연금복권을 사고, 카지노와 경마장, 사설 도박장을 드나들고, 빚을 내서라도 주식과 부동산에 투자해 대박이 나기를 바라는 이유다.

로또 복권 당첨은 순전히 운의 소관이다. 평생 쓰고도 남을 유산을 물려받는 것, 잘사는 배우자를 만나는 것도 운의 소관이다. 경제·금융지식이나 경험, 돈을 다루는 능력과는 무관하게 주어지는 것이다. 흔히 운칠기삼(運七技三)이란 얘기를 한다. 운이 7할이고 재주나 노력이 3할이라는 뜻이다. 물론 부자가 되려면 운도 따라주어야 한다. 그러나 개인의 노력과 능력이 뒷받침되지 않는 운(運)은 반복되지 않는다. 운에만 기대는 사람은 장기적으로 불운을 면할 수 없다. 노력하지 않고 요행을 바라기 때문이다. 운에 의존하는 것은 결코 부자가 되는 방법이 아니다.

내가 아는 직장인은 인생 역전을 꿈꾸며 매주 5만 원씩 한 달에 20만 원어치 로또를 산다. 그는 814만 분의 1의 확률에 매달 20만 원을 쓴다. 5년 넘게 로또를 샀지만 1등에 당첨됐다는 말을 아직까지 듣지 못했다. 그동안 금쪽같은 돈 1,200만 원을 로또라는 달콤한 마약에 날린 셈이다. 만약 그가 로또를 사지 않고 자기계발을 하는데 그 돈을 썼다면 직장에서의 입지가 많이 나아졌을 것이다. 만약 그 돈을 좋은 주식이나 펀드에 장기투자했다면 노후준비를 하는데 큰 보탬이 되었을 것이다.

아마존의 창업자 제프 베이조스가 주식 투자의 대가인 워런 버핏에게 질문했다. "당신의 투자 이론은 아주 간단한데, 왜 모두가 당신처럼 부자가 되지 못하는 걸까요?" 워런 버핏은 이렇게 답했다고 한다. "누구도 천천히 부자가 되는 것을 원하지 않기 때문입니다."

적어도 나는, 내가 아는 자수성가한 부자는 하나같이 한 푼이라도 아끼고 절약해서 종잣돈을 모으고 그 돈을 투자해서 부자가 되는 첫걸음을 옮겼다. 이 단순한 진리를 알려줘도 사람들은 귓전으로 흘려듣는다. 오히려 한두 푼 아껴서 어느 세월에 부자가 되느냐고 반문한다. 돈은 벌기는 어렵지만 쓰기는 쉽다. 한 달에 1,000만 원의 자산소득을 얻는 방법은 연구하지 않으면서 "당장 1,000만 원이 생기면 어떻게 쓰고 싶은가?"라는 질문에는 막힘없이 술술 대답한다.

간절히 부자가 되고 싶은가? 그 전에 꼭 알아두어야 할 것이 있다. 빨리 부자가 되려고 하면 부자가 될 수 없다. 조급함을 참고 차근차근 부자가 되는 법을 배워야 한다. 갈증이 난다고 컵에 맥주를 빨리 따르면 거품만 생기고 정작 마셔야 하는 맥주는 얼마 못 따른다. 그러나 조금씩 천천히 따르면 컵에 가득 찬 맥주를 마실 수 있다.

부자는 요행으로 쉽게 돈을 벌려고 하지 않는다. 부(富)는 단기간에 이루어지지 않는다는 것을 알기 때문이다. 그들은 자신을 훈련하며 긴 안목을 가지고 끈기 있게 경제독립을 향해 나아간다. 이런 과정에서 터득한 지혜와 통찰로 인해 매년 그들의 돈은 조금씩 불어나다가 어느 순간 수백 수천 배로 쌓인다.

자산 증가는 한순간에 이루어지지 않는다

아인슈타인의 상대성이론에 'E=MC²'이라는 공식이 있다. 간단히 요약하면, 속도가 빛의 속도에 가까워지면 질량이 급속도로 증가하게 된다는 것이다. 이 공식은 자산이 늘어나는 속도에도 적용할 수 있다. 아래의 그림처럼 속도와 질량의 법칙에서 Y축에 자산, X축에 시간을 넣고 그래프를 그려보면 자산 성장곡선이 나온다. 자산 성장곡선은 처음 몇 년간은 매우 천천히 낮게 올라간다. 비록 속도는 더디지만 계속 상승하는 것을 알 수 있다. 어느 순간부터는 기울기가 증가되고 나중에는 급속도로 높게 오른다.

나는 지금 그림에 표시된 지점을 지나고 있다. 이처럼 자산은 한순간에 증가되지 않고 매우 천천히 만들어진다. 돈을 벌고 모으고 투자하고

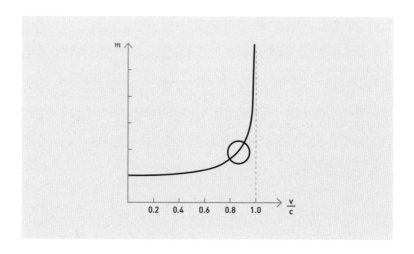

쓰는 능력을 골고루 갖추면 반드시 상승곡선을 그릴 수 있다. 지속적인 분석과 관리를 통해 한번 만들어진 상승곡선은 쉽게 내려가지 않는다.

부자는 일확천금을 꿈꾸지 않으며, 인생 한 방을 노리지 않으며, 투기하지 않으며, 도박을 하지 않는다. 부자의 경쟁력은 10년 후를 내다보고, 1년을 계획하고, 하루하루를 헛되이 보내지 않는 성실함에서 생겨난다. 천천히 부자가 되는 희열을 여러분도 느끼기 바란다. 이 책이 도움이 될 것이다.

2장

열심히 일하는데
부자가 아닌 이유

CHANGE ONE HABIT, CHANGE YOUR LIFE

경제독립이
늦어지게 하는 것들

1950년대만 해도 우리나라 농가에서는 보릿고개를 겪었다. 지금 직장인 대부분도 매달 월급을 받은 지 보름이 안 돼서 월급통장이 바닥이 나는 '월급고개'를 겪는다. 월수입이나 생활환경은 각자 다르지만 경제적 어려움을 겪는 것은 거의 비슷하다. 대출 원금과 이자, 신용카드 대금, 자녀교육비, 자동차할부금, 보험료, 각종 공과금 등을 내고 나면 생활비가 부족할 수밖에 없다. 받은 월급을 다 쓰고 나면 결국 추가 지출은 신용카드와 마이너스통장, 현금서비스 등에 의존한다. 맞벌이 가정도 사정은 크게 다르지 않다. 소득이 많아질수록 지출도 그만큼 늘어나기 때문이다. 이렇게 매달 한고비를 겨우 넘긴다.

토머스 J. 스탠리와 윌리엄 D. 댄코가 쓴 《백만장자 불변의 법칙》에

보면 페이스북 CEO 마크 저커버그는 티셔츠와 청바지 차림에 소형차를 몰고 다니고, 가구회사 이케아 창립자 잉그바르 캄프라드는 이코노미석과 시내버스를 자주 이용한다. 워런 버핏도 돈이 많다고 흥청망청 살지 않는다. 고향 네브래스카주 오마하에 있는 집에서 60년째 살고 있다(약 4,000만 원에 구입한 집이 현재 7억 원이 되었다). 명품에는 관심도 없고, 햄버거, 코카콜라가 좋아하는 음식이다. 이들의 공통점은 검소한 생활을 한다는 것이다.

'월급고개'를 겪게 하는 주범, 신용카드

우리가 매달 '월급고개'를 겪게 하는 가장 큰 적은 신용카드이다. 신용카드 사용자는 연말정산을 할 때 소득공제가 되고, 많이 쓸수록 각종 포인트가 쌓이고 그 포인트로 다시 물건을 구입할 수 있으며, 할인까지 더해지니 일석삼조라고 한다. 그러나 신용카드의 문제점은 절제력이 있는 사람조차 끊임없이 자극되는 소비 욕구를 통제하기 어렵게 만든다는 것이다. 신용으로 먼저 카드를 긁고 한 달 뒤에 대금을 지불하기 때문에 계획소비보다는 충동구매를 하기 쉽다. 지난달 사용한 카드값을 이번 달 월급으로 갚고 이번 달 생활비는 또다시 신용카드로 해결할 수밖에 없다. 이렇게 카드빚이 쌓인다. 신용카드의 가장 큰 문제점은 미래소득까지 끌어다 쓰게 하고 가계의 현금 흐름이 막히게 한다는 점이다.

카드사는 절대로 자선사업을 하는 회사가 아니다. 영리를 목적으로 운영하는 회사다. 카드사가 연말정산 소득공제에 포인트 적립금까지 주는 이유는 카드를 쓰는 순간 나의 미래소득을 담보로 잡기 위해서다. 카드사는 대금 연체를 하면 거의 사채에 가까운 이자를 받아 챙긴다. 할부 수수료 같은 금융비용도 만만치 않다.

카드를 가지고 다니지만 나는 절제력이 강해서 충동소비를 안 한다고 과신하지 마라. 신용카드를 지갑에 넣고 다니면 반드시 사용하게 된다. 씀씀이를 조절하려면 신용카드 대신 현금이나 체크카드를 사용하자. 나 역시 신용카드는 해외 출장 시에만 사용하고 대부분 체크카드를 사용한다. 이렇게 해야 하는 이유는 지출통장에 남겨놓은 돈만으로 한 달을 사는 습관이 길러지기 때문이다. '월급고개'를 겪지 않는 방법은 신용카드로 쓴 돈을 다음 달에 갚는 악순환에서 벗어나는 것이다. 카드빚에서 해방되려면 이 방법밖에는 없다.

절약해서 돈을 모으려면 소비를 어렵고 불편한 것으로 만들어야 한다. 다시 한 번 강조하지만 가난에서 벗어나기 위해 종잣돈을 만들기까지는 신용카드를 신중하게 사용하자. 가계부채를 늘게 하고, 저축을 못하게 만들고, 경제독립이 늦어지게 하는 주범이 신용카드이다. 카드 결제대금을 연체한 경험이 있는 사람은 절대로 신용카드를 사용해서는 안 된다.

빚이 차곡차곡 쌓이는 마이너스통장

　직장에 다니고 신용이 나쁘지 않으면 은행에서 마이너스통장을 만들 수 있다. 이 통장 개설자는 비상금 통장쯤으로 여기거나, 급전이 필요하거나, 혹은 빠르게 대출상환이 필요한 사람일 것이다. 필요할 때 조금씩 쓰고 갚아 나가니까 편리하고 유용하다고 생각하지만 마이너스통장은 잘 활용하지 못하는 사람에게는 독이 되는 금융상품이다.

　내가 아는 직장인은 금융문맹자이다. 마이너스통장이 사용한 금액만큼만 이자가 나가는 것은 알지만 일반 대출보다 금리가 높다는 것을 모른다. 또한 이자에 이자가 붙는 복리 방식으로 이자가 계산된다는 사실도 모른다. 마이너스통장의 문제점은 대출이자를 따로 내는 게 아니라 통장에서 자동으로 이자가 계산되다 보니 이자가 쌓이는 걸 알아채기 어렵다는 것이다. 또한 주택담보대출 등 추가 대출이 필요한 상황에서 대출 한도가 줄어들기도 한다. 마이너스통장을 잘못 사용하면 조금씩 쓴 돈이 한도를 꽉 채워 빚으로 남고 결국 빚의 굴레에 빠지게 된다. 마이너스통장을 만들 때는 이 점에 유의해야 한다.

　마이너스통장의 문제점은 저축 습관이 나빠진다는 것이다. '빚 권하는 사회'에서 투자하기 위해 종잣돈을 모으려면 안 쓰고 저축하는 방법밖에는 없다는 점을 잊지 마라.

자가용을 사는 순간부터 빚이 늘어난다

자산과 부채에 대해 간단하게 말하면, 자산은 '현금을 계속 만들어내는 것'이고, 부채는 '현금을 계속 빼앗아가는 것'이다. 내가 소유한 자동차는 자산일까, 부채일까? 생업을 위해 반드시 필요하고, 그 자동차가 현금을 계속 만들어내는 수단이라면 자산으로 볼 수 있다. 하지만 자동차할부금, 세금, 보험료, 주유비, 수리비, 통행료, 주차비 등 현금이 계속 빠져나가는 것이라면 전형적인 부채로 봐야 한다.

내가 아는 직장인은 세후 월급이 300만 원 정도 된다. 그가 새로 뽑은 차를 타고 찾아왔을 때 나는 깜짝 놀랐다. 집에서 회사까지의 거리가 먼 것도 아니고, 영업직이 아닌 사무직 직원이 굳이 자동차를 살 이유가 없는데 떡하니 고급 중형차를 타고 나타났기 때문이다. 그는 한창 돈을 모아야 할 30대 초반이었다. 나는 직장생활을 할 때 사장님께서 자동차를 사주겠다고 해도 부담이 되었다. 자동차세, 보험료, 기름값, 수리비 등 자동차를 유지하는데 드는 비용을 따져보니 어마어마했다. 내 월급으로는 도저히 감당하기 어려울 뿐더러 자동차 유지비 때문에 내가 세운 재무목표를 달성하는 기간이 5년이나 더 늦춰질 것 같았다. 그래서 사장님께 자동차 유지비가 너무 많이 들어서 감당할 수 없다고 솔직히 말씀드리고, 자동차를 사 주시겠다면 회사에서 부담하는 렌트로 해달라고 부탁드렸다. 다행히 사장님은 빙그레 웃으시더니 "젊은 사람이 돈을 아끼고 열심히 사는 건 좋은 거야. 자네의 그 열심을 사겠네" 하시면서 그 제안을 흔쾌히 받아주셨다. 물론 나는 사장님께 보답하는 마음으로 더더욱 열심히 일했다.

자가용을 사는 순간부터 빚이 늘어난다. 자동차할부금은 은행 신용대출보다 금리가 훨씬 높다. 자가용 한 대를 유지하는 비용이 1년에 600만 원이라면 월평균 50만 원을 길에다 뿌리는 셈이다. 게다가 자가용이 있으면 외식이나 여행을 가는 횟수가 늘어난다. 마트에 가서도 많은 물건을 실을 수 있기 때문에 씀씀이도 커진다. 자가용을 소유하면 현금은 쌓이지 않고 부채는 계속 늘어난다.

우리나라는 대중교통이 편리하고 이용료도 저렴한 편이다. 버스나 지하철을 타면 어디든 빠르게 갈 수 있다. 소득이 많지 않고 금융자산도 거의 없는 사람이 생업에 필요하지도 않은 자동차를 구입해서는 안 된다. 자가용으로 이동하면 편리한 것은 있지만 그 대가로 잃는 기회비용이 너무 크다. 기회비용이란 여러 가지 가능성 중 하나를 선택했을 때 그 선택으로 포기해야 하는 것을 가치로 매긴 것이다. 자가용을 사면 자산으로 불어날 돈이 모두 자가용을 유지하는 비용에 들어간다. 이로 인해 경제독립의 시기가 점점 늦어진다. 이보다 안타까운 일은 없다. 만약 자동차를 사지 않고 그 돈을 가치가 계속 오르는 주식이나 펀드, 수익형 부동산에 투자한다면 많은 돈을 벌 수 있을 것이다.

한창 돈을 모을 시기에는 절대로 자동차를 사지 마라. 근로소득보다 자산소득이 더 많아졌을 때 자동차를 사도 늦지 않다. 지금 한 푼이라도 아껴서 투자한 돈이 열매를 맺으면 멋진 차를 타고 여행을 다녀라.

부자가 아니면서
부자처럼 살지 마라

　경제활동을 하면서 소비를 전혀 안 하고는 살 수 없다. 문제는 나만의
만족을 위한 경제적인 소비가 아니라 남에게 과시하기 위한 분에 넘치는
소비를 하는 것이다. 월급이 적어서 돈을 모을 수 없다고 불평하면서도
과소비를 하는 사람들이 너무나 많다. 금수저로 태어난 것도 아니고, 수
입도 변변치 않은 사람들이 한창 돈을 벌고 모아야 할 시기에 무절제하게
돈을 낭비한다. 남들에게 기죽기 싫어서 놀 것 다 찾아 놀고, 즐길 것 다
찾아 즐기면서 카드를 긁는다. 백화점에서 비싼 명품을 사고, 해외여행
을 간다. 과소비의 달콤함에 빠져들지 않으면 빚이 생기지도 않고, 그 돈
을 쓰지 않고 차곡차곡 모으면 머지않아 부자가 될 수 있는데 부자도 아
닌 사람들이 부자 흉내를 내면서 살고 있다. 그런 사람들의 집에는 대형

TV와 냉장고, 김치냉장고, 세탁기, 에어컨, 전자레인지, 청소기 등은 모두 신형이고, 식기세척기, 비데, 정수기, 오븐 등도 구비하고 있다. 집안에 빼곡한 가전제품들은 매월 전기요금과 렌털 비용, A/S 비용 등을 추가로 발생시킨다. 이렇게 투자 원금이 될 돈을 미리 다 써버린다. 수입이 일정한 상태에서는 씀씀이를 줄이는 방법밖에 없다. 의식적으로 지출을 통제해야 한다.

나는 부자들이 카드빚에 시달린다는 말을 한 번도 들어 본 적이 없다. 지출을 많이 해도 수입이 많기 때문이라고 생각할 수도 있지만 졸부가 아닌 진짜 부자는 종잣돈을 모으는 시기에도 충동소비나 과소비를 하지 않았다. 과소비는 부자들이 하는 게 아니다. 부자가 아닌 사람들이 분수 이상으로 소비하는 것이 과소비이다.

《폰 쇤부르크 씨의 우아하게 가난해지는 법》이란 책에는 이런 문장이 나온다. "나는 오랫동안 본의 아니게 부유한, 그야말로 무척 부유한 사람들과 함께 지내면서 흥미있는 현상을 관찰할 수 있었다. 취향이 고상한 부자들은 예로부터 간소하게 살려고 노력한다. 부유한 사람일수록 '평범한' 삶을 흉내 내는 것을 사치스러운 일로 여긴다."

가난한 사람일수록 돈이 있으면 쓰지 못해서 안달을 낸다. 하지만 부자는 돈이 많아도 간소하게 살려고 노력한다. 그런 모습을 보고 '돈 있는 사람이 더 인색하다'고 하는데 부자는 평범하게 사는 것조차 사치스러운 일로 여기기 때문에 그렇게 사는 것이다. 부자는 브랜드로 자신의 가치를 높이려고 하지 않는다. 자존감은 소비와 연결되어 있다. 자신을 사랑하고 존중하는 자존감이 높은 사람은 소비를 통해 자신을 과시하지 않는다.

《유배지에서 보낸 정약용의 편지》를 읽다가 다산 정약용이 자녀에게 '근과 검'을 강조했다는 것을 알게 되었다.

'내가 농장을 물려줄 만큼의 벼슬을 못하여 밭뙈기 조금이라도 너희들에게 물려주지 못했다. 그리하여 오직 글자 두 자를 너희에게 물려주노니, 정신적인 부적으로 마음에 지니어 살며, 가난을 벗어날 수 있도록 물려주고자 한다. 그러니 너희들은 너무 야박하다고 생각하지 마라. 한 글자는 '근(勤)'이고, 또 한 글자는 '검(儉)'이다. 이 글자들은 좋은 논밭이나 기름진 땅보다도 더 나은 것이니 일생 동안 쓰고도 다 쓰지 못할 것이다.'

재테크의 기본은 '근검(勤儉)'이다. 돈을 벌어도 지출이 많으면 돈을 모을 수 없다. 분수에 넘치는 소비를 하지 않고 절제하며 살아야 한다. 근검하는 습관을 이기는 재테크 방법은 없다.

절약하고 절제하는 태도와 습관 없이 부자가 된 사람은 없다. 남들이 돈 쓸 때 안 쓰면서 차곡차곡 자산을 만드는 과정에서 몸에 밴 검소한 생활습관은 부자가 되어도 바뀌지 않는다. 수돗물을 쓸 때는 세수를 한 물로 걸레를 빨고 마지막으로 바닥청소를 하거나 화분에 물을 준다. 자수성가한 부자들은 과시보다 검약을, 체면보다 실속을 중시한다. 월급쟁이들은 호탕하게 한턱 낼 때도 있지만 부자가 점심 사겠다고 하면 크게 기대하지 마라. 대부분은 설렁탕 한 그릇이다. 부자들에게는 한턱이 없다. 그들은 식당에서도 음식을 남기지 않고 냅킨 한 장도 아껴 쓴다. 내 돈이 귀한 만큼 남의 돈도 귀하게 여기기 때문이다.

나만의 절약원칙 세우고 실천하기

계획소비를 해야 한다. 계획소비는 지출에 대해 명확한 기준을 먼저 정해놓고 거기에 맞춰 소비하는 것이다. 돈을 지출하는 기준을 확실하게 정해두면 충동소비를 하지 않는다. 대부분의 신용불량자는 지출에 대한 일관된 기준이 없고 자신의 수입 이상으로 무분별하게 지출한다.

나에게도 허영심이 있고 분에 넘치게 소비하고 싶은 마음이 있었다. 그러나 그것을 절제해야 부자가 될 수 있기에 나만의 절약원칙을 세우고 그것을 꾸준히 실천했다. 다음에 소개하는 절약하는 방법이 도움이 되기를 바란다. 이것을 실천하면 근검하는 습관이 생길 것이다.

절약하는 ABC 실천법

나는 마트에 가기 전에 무엇을 살 건지 먼저 메모하고 가격 한도를 정해놓는다. 그런데도 가끔은 충동구매를 하는 경우가 있었다. 그래서 마트에 다녀오면 영수증을 펼쳐놓고 색깔 볼펜을 이용하여 구매 항목 옆에 A, B, C라고 적어놓았다. A, B, C의 기준은 다음과 같다.

A: 반드시 필요한 물품

B: 필요한 물품

C: 있으면 좋지만 없어도 되는 물품

여기서 체크해야 할 것은 C 항목의 합계금액이다. 이것을 보면 긴급하게 필요하지 않은 물품인데 충동적으로 구매했음을 알 수 있다. 다음에 마트에 가서 물품을 카트에 담을 때는 이것이 A, B, C 항목 중 어디에 해당되는지 생각하며 쇼핑을 하게 되고 '있으면 좋지만 없어도 되는 물품'은 구입하지 않게 된다. 이런 식으로 계속 구매를 하면 B 항목에 해당하던 물품도 거의 사지 않는 습관이 몸에 밴다.

지출 전에 일정 시간을 기다린다

나는 물건의 금액에 따라 일정 기간을 정해놓고 꼭 구매해야 하는지 냉정하게 생각한다.

1만 원 이상: 한 시간

5만 원 이상: 1일

10만 원 이상: 1주

30만 원 이상: 한 달

인터넷이나 모바일로 상품을 구매할 때는 쇼핑몰 장바구니에 담아놓고 일정 시간을 기다린다. 이렇게 하면 소비 욕구가 줄어들고 충동구매를 안 하게 된다. 1,000원짜리 물건 하나를 사더라도 세 번은 고민해야 한다. 처음에는 사고 싶은 물건이 꼭 필요한 것처럼 느껴지지만 지출 전에 일정 시간을 기다리며 다시 생각하면 안 사도 되는 물건인 경우가 많다. 부자는 돈을 지출할 때 원칙이 있다. 첫 번째 원칙은 '돈을 쓰지 않는 것'이다. 두 번째 원칙은 '사고 싶을 때 첫 번째 원칙을 되새기는 것'이다.

남에게 돈 주고 맡기는 일을 직접 배워서 한다

돈만 주면 무엇이든 편리하게 일을 처리할 수 있다. 그러나 편리함의 대가로 소중한 돈을 지출해야 한다. 남에게 돈 주고 맡기는 일을 직접 배워서 하면 처음에는 불편하고 어렵지만 종잣돈이 늘어나게 된다. 나는 전문가들이 하는 일을 자세하게 관찰하고 책을 사서 공부하는 습관이 있다. 이런 습관 때문에 자동차 엔진오일이나 부품 교환, 컴퓨터, 복사기, 전기, 수도의 웬만한 고장은 직접 처리할 수 있다. 화초의 분갈이, 도배도 직접 한다. 이렇게 실용지식을 갖춰 놓으면 돈을 절약할 수 있고 투자를 하기 위한 종잣돈을 빨리 만들 수 있다.

종잣돈을 모을 때는 다음에 소개하는 내용을 꼭 실천하기를 바란다.

1. 저축부터 하고 지출하라. 예산 내에서만 지출하라.

2. 신용카드 대신 현금이나 체크카드를 사용하라.

3. 명품 브랜드에는 눈길도 주지 마라.

4. 남들이 해외여행을 갈 때 재테크 공부를 하라.

5. 꼭 필요한 물건이 아니면 사지 마라.

6. 외식이나 야식을 하지 마라.

7. 물건 정리를 잘하여 중복구매를 하지 마라.

8. 유행을 좇아 신형을 사지 말고 멀쩡한 구형을 계속 사용하라.

9. 가계부를 써라.

10. '왕소금'이란 말을 감내하라.

사교육비보다
노후준비가 우선이다

통계청·금융감독원·한국은행이 발표한 '2018년 가계금융·복지조사'를 보면 65세 이상의 상대적 빈곤율(소득수준이 중위소득의 50% 미만인 계층이 전체 인구에서 차지하는 비율)은 43.8%라고 한다. 65세 이상 노인 두 명 중 한 명이 빈곤층에 해당하는 셈이다. 그들이 빈곤하게 사는 가장 큰 이유는 무엇일까? 젊어서 성실하게 일하지 않았기 때문에 늙어서 빈곤하게 사는 것이 아니다. 한국인은 대부분 성실하고 열심히 산다. 월급을 받아서 분에 넘치게 소비하며 살았기 때문도 아니다. 한국인은 대부분 아끼고 절약하면서 생활한다. 한국이 OECD 국가 중 노인층의 빈곤율이 가장 높은 나라가 된 이유는 돈을 한창 모아서 투자해야 할 시기에 그 돈을 사교육비에 너무 많이 쓰기 때문이다. 노후준비를 위한 돈을 먼저 저축하고 사교육비를 지출해야 하는데 교육자금이 노후준비보다 늘 우선인 것이 가장 큰 문제다.

대부분의 가정은 아이들 교육비를 대는 것만으로도 등골이 휜다. 아이가 출생한 후부터 대학 졸업까지 자녀 한 명당 지출되는 총 양육비는 3억 원이 훌쩍 넘는다고 한다. 이 돈을 부담하다 보면 부모는 노후를 준비할 여력이 없다. 물가상승률과 금리 등을 감안할 때 소득의 30% 이상은 무조건 노후자금 마련을 위해 투자해야 하는데 당장 사교육비 지출 때문에 정작 중요한 노후대비를 위한 저축이나 재테크를 하지 못하는 현실이 너무나 안타깝다.

내가 아는 지인 중에는 연봉이 5,000만 원이고 1남 1녀를 둔 가장이 있다. 그 가정은 남들 하는 만큼 사교육을 시키지 않으면 아이들의 학습이 뒤처질까 봐 무리해서 사교육을 시켰다. 대략 과목당 30만 원 이상인 학원을 서너 군데 보냈고 두 아이의 학원비로만 월 250만 원 정도를 지출했다. 방학이면 특강비가 있어서 학원비는 더 늘어났다. 월급 400만 원을 받아서 60% 이상을 아이들 교육비로 쓰는 셈이다. 이것은 순수하게 교육비만 들어간 것이고 아이들 옷도 사주고 통신비도 내주고 용돈도 줘야 한다. 이렇게 아이들 뒷바라지를 하다보면 남는 것은 빚밖에 없다.

더 큰 문제는 경제적으로 여유가 없는 상황에서 아이가 막상 대학에 입학하면 학자금 대출을 받는다는 것이다. 교육부와 한국대학교육협의회가 발표한 '2018년 대학정보공시분석 결과'에 따르면 4년제 일반대학의 연간 평균 등록금은 700만 원 이상이다. 교재비나 기숙사비, 용돈 등을 포함하면 연간 1,000만 원 정도 될 것이다. 대학 4년 동안 적어도 4,000만 원이 필요한데 부모가 학비를 마련해놓지 않았다면 학자금 대출을 받고 자녀는 알바를 하면서 학비를 보태거나 용돈을 벌어 써야 한다. 이것은 초·중·고 때 월소득에 비해 너무 많은 돈을 사교육비로 지출한 결과다.

무리한 사교육비는 부모나 자녀가 모두 빚의 굴레에 빠지게 만드는 주범이다. 대다수의 중장년층이 과도한 사교육비를 지출하면서도 '은퇴 후에 어떻게든 살아갈 방도가 생기겠지' 하는 막연한 생각으로 노후를 맞는다. 이런 생각을 가지고 있는 한 빈곤한 노후의 삶에서 벗어날 수 없다. 노후자금 마련이 사교육비보다 우선이란 점을 명심하기 바란다.

아이가 공부를 잘한다고 잘 사는 것도 아니고, 공부를 못한다고 못사는 것도 아니다. 토머스 J. 스탠리는 《백만장자 마인드》에서 SAT 점수가 1600점 만점에 1000점도 안 됐던, 소위 공부 못했는데도 부자가 된 사람들의 성공 요인을 조사한 결과, 진실성과 사교성, 그리고 자기관리력에 있다는 것을 알아냈다. 학교 성적이나 출신 대학이 성공 요인이 아니었다.

나는 고등학교 3학년 딸과 고등학교 1학년 아들을 두고 있다. 두 아이 모두 공부를 잘하는 편이 아니다. 그러나 시험을 못 봤다고 아이들을 혼낸 적이 한 번도 없다. 분수에 넘치게 사교육을 시킨 적도 없다. 아이들은 공부는 못 하지만 자신감과 사교성이 있으며 자기관리를 잘한다. 자녀가 공부에 관심이 없는데 부모가 많은 사교육비를 들여 성적을 조금이라도 올리고 싶어 하면 부모는 사교육비 때문에 등골이 휘고 아이들은 학교와 학원을 오가며 공부하느라 혹사당한다. 부모는 아이가 좋은 대학에 가기를 바랐고 아이들은 열심히 공부했는데, 교육비를 들인 만큼 자녀의 성적이 나아지는 것도 아니고 설령 좋은 성적으로 명문대에 들어간다고 미래에 성공하고 부자로 산다는 보장이 있는 것도 아니다.

대학에 다니면서 각종 자격증을 취득하고 취업전쟁에서 살아남기 위해 어학연수를 가기도 한다. 이렇게 스펙을 쌓는 데도 돈이 필요하다. 어렵게 취직을 해도 넘어야 할 관문이 하나 더 남아있다. 결혼을 시킬 때는 살 집을 구해줘야 하니 억 단위 비용이 든다.

자신의 노후준비는 못 하면서 자녀에게 올인하는 것이 정말 부모와 자녀를 위한 일일까? 사교육비를 줄이고 대신 그 돈을 일찍 주식이나 펀드에 투자해 아이의 대학 학자금을 마련하고 졸업 후에 자립할 수 있는 자금으로 주는 것이 더 현명한 일이다. 대학 졸업 후에 어렵게 취직해서 학자금 대출을 갚아나가는 아이와 몇억의 자산을 가지고 사회생활을 시작하는 아이는 미래의 소득 흐름에서 큰 차이를 보일 것이다.

나는 아이들이 어릴 때부터 돈을 지혜롭게 관리하는 공부를 함께 했다. 경제적으로 부족함 없는 부자의 길을 차근차근 알려주었다. 자본주의 사회에서 경제·금융교육은 선택이 아닌 필수다. 금융교육, 경제교육이라 해서 거창한 것은 아니다. 아이와 함께 소비와 저축, 부자의 습관에 대해 솔직하게 대화를 나누는 것이면 충분하다. 부모가 아이의 성적에만 집착하지 않고 경제와 금융에 대해 자연스럽게 대화하는 분위기를 만들어주면 성적이나 용돈 문제로 얼굴 붉힐 일이 줄어든다. 저축을 하려면 용돈을 스스로 아껴 써야 하기 때문이다. 또한 엄청난 돈을 들여 학원에 보내지 않아도 돈의 중요성을 알기 때문에 일찍 철이 들어 스스로 공부를 한다.

나는 아이들이 학교와 학원을 오가며 좋은 대학에 들어가는 것을 목표로 공부하는 것도 중요하지만 그 전에 몸과 정신이 건강하기를 바란다. 당차게 인생을 살아가되 교만하지 않고 겸손하며, 남을 이해하는 넓은 아량과 자신을 다스릴 줄 아는 성숙한 인간으로 성장하기를 바란다. 인생 앞에 엄숙하되 유머 또한 잃지 않고 인생을 즐길 줄 아는 어른이 되기를 바란다. 남에게 돈을 꿀 만큼 가난하지 않게 살아가기를 바란다. 사회의 일원으로서 사회적 약자들을 위해 기부도 하고 봉사도 하며 그들과 더불어 행복한 삶을 살아가기를 바란다. 이런 바람은 엄청난 사교육비를 들여서 배울 수 있는 것이 아니다.

경제·금융 문맹자는
가난에서 벗어날 수 없다

수영을 배우지 않고 물에 뛰어드는 것은 위험천만한 일이다. 수영을 하려면 먼저 수영하는 법을 배워야 한다. 마찬가지로 결혼을 하기 전에 행복한 부부로 사는 법을 먼저 배워야 한다. 사랑하니까 현실적으로 일어날 수 있는 갈등상황을 쉽게 해결할 수 있다고 막연히 생각해서는 안된다. 처음 해보는 결혼생활은 녹록지 않다. 서로 다름을 인정하고, 존중하고, 정서를 조절하고, 갈등을 대화로 푸는 방법 등을 알아야 한다. 이것을 알고 있으면 행복한 결혼생활에 든든한 기초가 된다.

재테크도 수영이나 결혼생활과 크게 다르지 않다. 근로소득이 매달 꼬박꼬박 통장으로 들어오니 이 돈을 아끼고 저축하면 경제적으로 안정될 것이라고 막연히 생각해서는 안 된다. 우리 부모 세대는 저축이 가장 좋은 투자였다. 70, 80년대에 이자율은 25% 정도였다. 하지만 이제는 저축을 통해 돈을 모으는 것은 불가능하다. 저금리이고 물가는 하늘 높은 줄 모르고 끝없이 오르기만 한다. 열심히 높은 이자율을 찾아 저축을 해도 물가상승률을 따라잡지 못한다. 저축을 하면 내 돈의 가치가 하락한다.

경제·금융지식이 없으면 저금리 시대에 자산을 불릴 수 없고, 모은 돈을 관리할 수도 없다. 선진국은 경제교육을 충실히 한다. 돈의 흐름과 가치를 알려주는 금융교육도 정규 교육과정에 포함하고 실생활과 연계된 체험학습 위주로 진행한다. 그래서 부모는 아이가 스스로 돈을 버는 경험을 하도록 도와주고 십대 아이들은 아르바이트하는 것을 당연하게 여긴다. 그러면서 자연스럽게 돈과 노동의 가치를 체험한다.

반면에 우리나라는 교육의 산실인 가정이나 학교에서 용돈 관리나 '아껴 쓰고 저축해라' 이 정도 수준의 교육을 한다. 성인들조차 돈을 투자하고 자산을 관리하는 법을 모른다. 자신의 아이디어로 회사를 차려도 세금, 회계, 신용관리에는 문외한인 사람들이 많다. 스스로 공부하지 않으면 경제·금융 문맹자가 되기 쉬운 나라가 대한민국이다. 경제·금융교육의 목적은 경제적 자립의 길로 가기 위해 돈을 다루는 기본기를 배우는 것이다. 이 기본기를 갈고 닦아야 돈에 대한 철학이 생기고 직업의식도 갖게 된다.

경제·금융 문맹자는 어떻게 돈을 관리할까?

1. 디플레이션, 가산금리, 기준금리, 변동금리, 물가지수, 경기동향지수, 경상수지, 레

버리지 효과, 매몰비용 등의 기본적인 용어를 이해하지 못한다.

2. 아파트 담보대출금도 있고 마이너스통장도 마이너스 상태인데 정기적금을 신규로 가입한다. 심지어 이자가 높은 현금서비스를 받아 그 돈을 금리가 2%도 안 되는 적금에 넣는다.

3. 예금은 제1금융권에 하고 대출은 제2금융권에서 받는다. 금융문맹자들은 이자율에 민감하지 않다.

4. 적금 만기 후에 이자소득에서 세금을 공제하는지도 모른다. 세금의 구조를 이해하지 못하고 절세 요령도 모른다.

5. 주식 투자를 하면서 재무제표를 살펴보지도 않는다. PER, PBR, PCR, PSR, ROE, ROA 등의 용어들이 무엇을 의미하는지조차 모른다.

6. 친구나 지인, 은행이나 증권사 직원의 말만 믿고 상품에 가입하거나 투자를 한다.

7. 설계사의 설명만 듣고 보험에 가입한다. 가입한 보험이 무슨 보험인지, 보장내용도 잘 모른다.

8. 부동산을 사면서도 아주 기본적이고 당연한 것조차 확인하지 않고 세금에 대해서도 전혀 모른다.

경제·금융 문맹은 무면허로 운전을 하는 것과 같다. 우리나라의 금융 문맹률(financial illiteracy rate)은 매우 높다. 2019년 금융위원회가 한국 갤럽을 통해 실시한 '금융교육 실태조사'에 따르면 우리나라 국민 10명 중 약 7명은 본인의 금융지식이 충분하지 않다고 답했다. 문맹은 생활의 불편을 감수하면 된다. 그런데 경제·금융 문맹은 소득이 있어도 투자하지 못하고 자산소득을 늘리지 못해 가난한 삶에서 벗어날 수 없다. 자본주의 사회에서 소중한 돈을 벌고 모으고 관리하려면 먼저 기초지식부터 쌓아야 한다. 경제독립을 이루려면 돈이 일하게 하는 경제와 금융의 본질을 이해해야 한다. 투자의 대부인 앙드레 코스톨라니는 "돈은 독립성을 유지하는 데 중요한 역할을 하며 재정적 독립은 건강 다음으로 중요한 것"이라고 했다. 경제적 자립을 하기 위해서는 하루라도 빨리 경제·금융 문맹에서 벗어나야 한다.

경제와 기업, 금융을 아는 가장 빠른 방법

금융문맹자들 가운데는 변동금리와 고정금리의 차이를 모르는 사람들이 많다. 변동금리는 대출기간 동안 실세 금리와 연동하여 대출 금리가 계속 변하는 금리이고 금리 변동에 따른 위험을 소비자가 진다. 고정금리는 대출기간 동안 동일한 금리가 적용되며 변동하는 위험을 대출해주는 금융회사가 부담한다. 이런 이유로 고정금리 대출 이자율이 변동금리 대출보다 약간 더 높은 편이다. 대출을 받는 시점에 장기적으로 금리가 상승할 것으로 예상되면 고정금리 대출을 선택하는 것이 유리하다.

금리는 돈의 흐름을 결정한다. 한국은행에서는 경기 흐름이 지나치게 과열되거나 경기가 침체되고 있는지 주의 깊게 파악하여 경기가 지나치게 침체되면 금리를 조정하여 경제활동이 원활히 돌아가게 바로잡는다.

금리를 설명할 때는 백 마디 말보다 아래 그림을 보는 것이 이해하기 빠르다. '코스톨라니의 달걀 모형'인데 금리가 높아지고 낮아짐으로써 어떤 투자를 하는 것이 좋은지를 쉽게 알 수 있다.

A1 지점부터 B3 지점까지 경제 사이클이 순환을 반복하고 있다.

- 금리 저점~A1 지점: 부동산 가치 상승이 계속되고 있어 경기 상승을 기대하며 금리를 인상한다.
- A1~A3 지점: 부동산의 가치는 상승했지만 금리가 올라 이자가 부담되어 부동산을

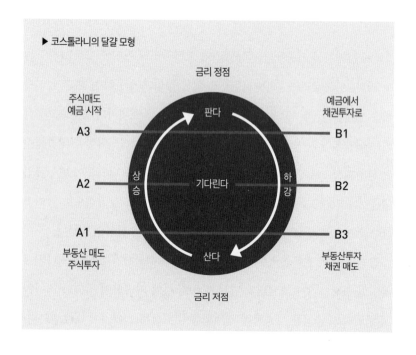

▶ 코스톨라니의 달걀 모형

금리 정점

주식매도
예금 시작

A3

A2
상승

A1

부동산 매도
주식투자

판다

기다린다

산다

예금에서
채권투자로

B1

B2
하강

B3

부동산투자
채권 매도

금리 저점

매도한다. 부동산 상승으로 경기가 살아나면서 주가가 상승하고 있어 주식 투자를
한다.

- A3~B1 지점: 주가 상승으로 투자수익이 증가했다. 하지만 금리가 많이 올라 이제
  는 안전하게 자산을 예금으로 예치한다.

- B1~B3 지점: 금리가 지속적으로 하락하고 있다. 예금의 자산을 채권으로 변경하여
  하락하는 금리를 보장받는다.

- B3~A1 지점: 이자가 부담되지 않을 정도로 금리가 낮아졌다. 더이상 채권에 투자
  하면 이익 발생이 적을 것 같다. 자산과 대출금을 합하여 부동산에 투자한다.

부자들은 이 사이클을 활용하여 합리적인 선택을 하고 투자를 한다.
항상 금리의 변화를 생각하고 지금 어느 지점을 지나고 있는지 분석하고
있다.

부자가 되려면 주가, 금리, 정부 정책, 세계의 경제 흐름 등을 눈여겨보
고 공부해야 한다. 경제는 생물이다. 살아서 움직이고 있기에 계속 변화
의 추이를 파악해야 투자의 기회가 주어진다. 경제·금융을 공부해야 자
산을 지키고 키워나갈 수 있다.

사랑하는 자녀가 경제·금융 공부를 자연스럽게 할 수 있는 방법이 있
다. 그것은 주식에 투자하는 법을 알려주는 것이다. 주식을 한 주라도 사
면 국가 경제 및 산업 동향, 금융에 관심을 갖게 된다. 투자한 기업의 뉴
스가 나오면 집중하게 되고 그런 과정에서 경제용어도 하나씩 배운다.
경제와 기업, 금융을 잘 아는 사람이 부자가 될 가능성이 높다. 아이가 경

제·금융 문맹자가 되지 않게 하려면 어려서부터 주식을 사서 자본주의를 이해하도록 훈련시키는 것이 좋은 방법이다.

늘 돈에 쪼들리는
사람들의 공통점

재산이 매우 많은 사람 또는 아주 큰 부자를 '백만장자'라고 부른다. 백만 달러는 원화로 환산하면 10억 원이 넘는다. 우리나라 일반인은 재산의 대부분이 금융자산보다는 부동산에 편중되어 있으니 강남에 10억 이상의 아파트 한 채를 소유하고 있으면 백만장자일까? 만약 그 집을 사면서 빌린 대출금을 갚느라 허덕인다면 '비싼 집'에 사는 것이지 백만장자는 아니다.

KB금융지주 경영연구소가 발표한 '2020 한국 부자보고서'에 따르면 금융자산 10억 원 이상을 보유한 부자는 35만 4,000명이었다. 이들의 자산 비율은 부동산(56.6%)과 금융자산(38.6%)으로 구성되어 있고, 금융자산 비중이 일반인보다 두 배 이상 높았다.

내가 종잣돈을 마련하기 위해 허리띠를 졸라맬 때 자수성가한 어느 부자는 "융자가 없는 내 집이 있고, 근로소득과 함께 매달 500만 원 이상의 자산소득이 발생하면 부자다"라고 말했다. 부자의 기준은 개개인의 욕망이 다르고 금액도 상대적 비교이기 때문에 사람마다 편차가 있다. 내가 생각하는 부자는 자기 삶의 주체적 주인으로 살고, 자산소득만으로도 생활이 가능해서 더 이상 돈을 벌기 위해 일하지 않아도 되는 사람이다.

소득에는 근로소득과 자산소득이 있다. 근로소득은 일해서 받는 급여나 일에 대한 보수이고, 자산소득은 내가 가진 자산, 즉 부동산, 주식과 펀드, 채권, 로열티 등에서 나오는 소득이다. 근로소득을 받는 사람은 직장인, 전문직, 자영업자 등이다. 이들은 본인이 일하지 않으면 수입이 발생하지 않는다. 쉬고 싶다고 아무 때나 쉴 수도 없다. 그러나 자산소득은 내 자산에서 나오는 소득이기 때문에 내가 일하지 않아도 돈이 나를 위해 일한다. 부자란 내가 일하지 않고도 돈이 나를 위해 일하게 만드는 시스템을 갖춘 사람이다. 아울러 정신과 생각이 자유롭고 넉넉한 '마음부자', 좋은 사람들과 함께 어울려 사는 '관계부자'이기도 하다.

우리 주변에는 부자도 많지만 가난한 사람들이 훨씬 더 많다. 나는 늘 돈에 쪼들리는 사람들을 보면서 그 자신이 빈자로 살게끔 한다는 것을 깨달았다. 제임스 앨런은 《위대한 생각의 힘》에서 이렇게 말했다. "사람을 성공시키고 파멸시키는 것은 그 자신이다. 생각이라는 무기고에서 우울함, 무기력, 불화 같은 무기를 만들어 자신을 파멸시킬 수도 있고, 환희와 활력, 평화가 넘치는 천국 같은 집을 지을 도구를 만들 수도 있다."

아직 부자가 되지 못한 사람들에게서 내가 발견한 몇 가지 공통점은 이런 것이다.

빈자는 돈을 밝히면 속물이라고 한다

돈에 대해 얘기하면 부정적으로 보는 사람들이 있다. 그들은 부자에게 손가락질을 하며 돈을 밝히는 속물이라고 얘기한다. 이런 사람은 부자가 아니라 빈자일 가능성이 높다. 《바람과 함께 사라지다》에는 자선파티에서 레트 버틀러와 스칼렛 오하라가 춤을 추며 돈을 주제로 대화하는 장면이 나온다. 큰돈을 번 레트 버틀러가 "돈이 있으면 못하는 게 없다"는 식으로 말하자 스칼렛 오하라가 "돈으로 살 수 없는 것도 있지 않을까요? 사랑이라든가 행복이라든가"라고 말한다. 그러자 레트 버틀러가 답한다. "돈으로 살 수 없는 것도 있지만 비슷한 것은 살 수 있지요."

돈은 그 자체로 좋거나 나쁜 것이 아니다. 돈을 많이 가진 부자가 되고 싶으면서도 동시에 무의식적으로 돈에 대해 거부감을 갖는 것은 부자가 되는데 결코 도움이 되지 않는다. 돈은 경제생활에 꼭 필요한 윤활유이다. 돈이 인생의 전부는 아니지만 돈이 없으면 결핍감이 커지고 행복하기 어렵다. 돈은 하고 싶은 일을 할 수 있는 자유를 주고, 좋은 관계를 유지하게 하고, 좋은 일을 하며 즐거움을 나누게 한다. 돈은 행복한 삶을 살기 위해 반드시 필요한 수단이자 재료다.

만약 여러분의 무의식에 돈에 대해 부정적인 인식이 있다면 부자가 될 수 없다. 돈에 대해 긍정적으로 인식해야 돈을 벌기 위해 공부하게 되고 돈을 다루는 법도 연구하게 된다. 같은 환경에서 자란 일란성 쌍둥이도 형은 'Dream is nowhere(꿈은 어느 곳에도 없다)'는 생각 때문에 빈자로 살고, 동생은 'Dream is now here(꿈은 바로 지금 여기에 있다)'는 생각 덕분에 부자로 산다. 우리는 생각과 마음에 프로그래밍한 그대로의 존재가 된다. 부자가 되고 싶으면 돈에 대해 긍정적인 믿음을 가져야 한다. 가난이 수치는 아니다. 그러나 결코 명예도 아니다.

빈자는 자기합리화를 잘한다

돈을 아껴 쓰고 저축하라고 하면 그럴듯한 변명을 늘어놓고 핑곗거리부터 찾는 사람들은 부자가 될 가능성이 작다. 왜 안 되냐고 하면 "지금까지 해봤지만 안됐다", "한두 푼 모아서 어느 세월에 부자가 되느냐"며 안되는 이유부터 늘어놓는다. 그러면서 '인생'이란 말 앞에 '가혹하다', '고달프다' 등의 수식어를 가져다 붙인다. 많은 사람이 '세 가지 L'에 생각이 고정되어 있어서 부자로 살지 못한다. 세 가지 L은 '부족(Lack), 상실(Loss), 한계(Limitation)'이다. 이런 비관적인 생각에 사로잡히면 우리의 무의식은 부족, 상실, 한계를 확정적인 사실로 받아들인다. 부자가 못 되는 사람들은 수입 면에서는 '난 아무리 노력해도 이것 이상은 벌 수 없어'라고 선을 그으면서도, 지출을 할 때는 '사람이 이 정도도 안 쓰고 어떻게 살아?' 라며 스스로 핑곗거리를 만들어버린다.

중국 최고의 부자인 알리바바 그룹의 마윈 회장은 이렇게 말했다. "세상에서 같이 일하기 힘든 사람들은 가난한 사람들이다. 작은 비즈니스라고 얘기하면 돈을 별로 못 번다고 하고, 큰 비즈니스라고 얘기하면 돈이 없다고 하고, 새로운 것을 시도하자고 하면 경험이 없다고 하고, 전통적인 비즈니스라고 하면 어렵다고 하고, 새로운 비즈니스 모델이라고 하면 다단계라고 하고, 상점을 같이 운영하자고 하면 자유가 없다고 하고, 새로운 사업을 시작하자고 하면 전문가가 없다고 한다."

《새로운 부자들》은 미국의 부자들 6,000여 명을 5년간에 걸쳐 조사한 결과를 담은 책이다. 이 책에서 부자들이 공통적으로 가장 싫어하는 단어는 '부정'이었고, 그다음으로는 '불가능'과 '실패'였다. 성공의 반대말은 실패가 아니라 포기다. 부자는 고민스러운 문제가 생기면 세 단계로 문제를 해결한다.

첫째, 상황을 냉정하게 분석하고 실패의 결과로 일어날 수 있는 최악의 경우를 예측해본다.

둘째, 최악의 상황을 감수하기로 마음먹는다.

셋째, 최악의 상황을 염두에 두고 조금이나마 개선하기 위해 노력한다.

부자는 자기합리화를 하지 않는다. 핑계나 변명보다는 하나라도 더 배우고 개선하려고 한다.

빈자는 새로운 기회를 위기로 받아들인다

1997년 IMF를 겪어본 사람은 알 것이다. 그 당시 우리나라의 경제 상황은 비참했다. 기업은 줄줄이 도산했고 어쩔 수 없이 가게 문을 닫는 자영업자들이 속출했다. "가난은 부끄러운 것이 아니라 잠시 불편한 것이다"라는 말이 무색할 정도였다. 많은 사람들이 매일 빚 독촉에 시달리고, 자식의 학비를 마련하지 못해 발을 동동 구르고, 가족이 아픈데 치료비가 없어서 병원에 가지 못했다. 돈이 없어서 피눈물을 흘려본 사람은 세상이 얼마나 무섭고 끔찍한지, 얼마나 잔인하며 냉혹한지를 안다. 가난은 잠시 불편한 것이 아니다. 돈이 없으면 인간의 기본적인 욕구를 해결할 수 없고, 인권이 무시당하며, 하고 싶은 일이 있어도 하지 못하고, 몸이 불편해도 생계를 위해 일을 해야 하고, 불안과 걱정으로 한 번뿐인 인생을 돈에 끌려다녀야 한다.

우리는 기회가 찾아와도 그것이 기회인지 아닌지 분간하지 못한다. 기회는 늘 '위기'라는 이름으로 찾아오기 때문이다. 기회임을 알아챘으면서도 두려워서 손에 붙들고 있는 밧줄을 놓고 변화의 파도 속으로 자신을 내던지지 못하는 경우도 있다. 1997년 외환위기, 2001년 IT 버블, 2008년 글로벌 금융위기는 우리에게 '위기'처럼 찾아왔다. 하지만 이것을 '기회'로 삼은 사람들은 그때 많은 돈을 벌었다. 시장에 헐값으로 나온 매물을 값싸게 사들여 큰 수익을 올렸다. 부자가 된 사람들은 하나같이 위기를 기회로 삼았다. 그러나 빈자들은 위기에서 새로운 기회를 발견하지 못한다. 투자할 자금이 없기 때문일까? 그렇지 않다. 기회를 위기로만 받아들이기 때문이다.

빈자는 돈을 개떡같이 대한다

돈은 생명체이다. 돈은 사람처럼 자기를 좋아하는 사람을 좋아한다. 그러나 빈자는 돈을 정말 개떡같이 대한다. 길에 떨어진 동전을 봐도 줍지 않고, 주머니에서 구겨진 지폐를 꺼낸다. 돈을 함부로 대하는 사람은 단순히 돈만 그렇게 대하는 것이 아니다. 물건도 사람도 소중히 생각하지 않는다.

프랑스의 사회학자 피에르 부르디외(Pierre Bourdieu)는 현금, 부동산 등과 같은 유형의 자본 외에 취향, 학력, 태도 같은 것이 '문화자본'인데 이것은 부모로부터 자연스럽게 자녀에게 노출되고 한 가정 안에서 전승된다고 했다. 결국 문화자본은 부모의 삶의 방식과 무관하지 않다. 아이들은 인생을 살아가는데 큰 자산이 되는 경험을 부모로부터 보고 배운다. 돈을 함부로 대하고 다룰 줄 모르는 것은 부모의 영향이 크다. 존 데이비슨 록펠러는 이렇게 말했다. "돈지갑을 잘 감시해라. 돈이 함부로 주머니에서 나가지 못하게 하라. 다른 사람이 여러분을 구두쇠라고 말하는 것을 두려워하지 마라. 1원을 써서 2원의 이윤을 벌어들일 수 있을 때만 1원을 써라." 록펠러의 '1원의 철학'은 돈을 함부로 쓰고 돈을 소중하게 다루지 않는 사람이라면 꼭 마음에 새겨야 한다.

빈자는 정서적으로 가난하다

경제적으로 가난한 사람들은 정서적으로도 가난하다. 타인에게 친절하지 않고, 인내심이 없으며, 쉽게 짜증을 내고 화를 벌컥 낸다. 독일의 경영컨설턴트 라이하르트 K. 슈프렝어는 "한탄하는 자에게는 늘 친구가 있는 법"이라고 했다. 돈이 없다고 한탄하는 사람의 말을 들어주는 사람은 똑같이 가난한 사람들이다. 진짜 부자는 불평이나 불만을 늘어놓지 않는다. 푸념을 입에 달고 살지 않는다. 남을 향해 비아냥대지 않는다. 남을 깎아내리지 않는다. 그들은 재정적으로 부유한 사람이기 전에 정서적으로도 안정되어 있고 평온하다.

큰 부를 일군 사람일수록 인간관계가 풍성하다. 그 이유는 단기적인 이득보다는 긴 안목으로 관계를 맺고, 다른 사람의 조언에 개방적인 자세를 유지하기 때문이다.

빈자는 존경하는 부자가 없다

부자가 되고 싶다면 부자를 부정적으로 생각하지 마라. 부자를 위선자라고 말하지 마라. 그럴수록 부자의 길에서 멀어진다. 부자 중에는 인품과 철학과 그릇이 큰 사람들도 많다.

경주 최부잣집은 300여 년간 12대에 걸쳐 엄청난 부를 일구었다. 이 집에는 육훈(六訓)이 있는데, 대대손손 명심해야 할 6가지 집안을 다스리는 지침이다.

- 과거를 보되 진사 이상의 벼슬을 하지 마라.
- 만석 이상의 재물은 사회에 환원하라.
- 흉년기에는 땅을 늘리지 마라.
- 과객을 후하게 대접하라.
- 주변 100리 안에 굶어 죽는 사람이 없게 하라.
- 며느리는 3년간 무명옷을 입게 하라.

이런 가훈이 있었기에 몇백 년 동안 부를 이어왔을 것이다. 존경할 수밖에 없는 부자의 가르침이다. 큰 부자는 역시 생각의 크기가 다르다. 그들은 무슨 일을 하든 '누구에게나 좋은 일'을 목표로 삼는다. 사업을 하더라도 직원, 고객, 거래처에 좋은 일이고, 사회에도 좋은 일이면 돈은 따라오게 되어 있다. 부자가 되고 싶다면 이런 큰 부자에게 배워야 한다. 존경하는 부자가 있다면 바람직한 모습을 배워라. 그 배움이 습관이 되면 부자 되기가 훨씬 수월하다.

빈자는 잡동사니를 쌓아두고 산다

물건의 정리상태는 주인의 생활을 반영한다. 빈자의 집에 가보면 화장대나 냉장고에는 유통기한이 지난 것들이 방치되어 있고, 책장에는 일년에 한 번도 펼쳐보지 않는 책들이 꽂혀 있고, 서랍에는 거의 쓰지 않는 것들이 잔뜩 들어있고, 신발장에는 신지 않는 신발이 가득하고, 옷장에는 입지 않는 옷들로 차고 넘친다. 집안에 잡동사니를 쌓아두고 사는 사람은 집에 있는 똑같은 물건을 또 사고, 무기력하고, 피로감을 잘 느끼고, 감성이 둔하다. 반면에 부자는 청소하는 것을 좋아하고 정리정돈을 잘한다. 청결하고 심플하게 살수록 마음이 청명해지기 때문이다.

부자는 생활을 최대한 단순하게 하려고 노력한다. 페이스북 최고경영자 마크 저커버그는 옷장에 똑같은 회색 티셔츠가 여러 벌 걸려 있다고 한다. 그 이유는 무엇을 입을지 고민할 시간을 아껴서 일에 집중하기 위해서다.

'형식을 통해 마음에 이른다'는 말이 있다. 외형이 반듯하면 마음도 반듯해진다. 뉴욕의 슬럼가에서 깨진 창문을 열심히 보수했더니 범죄 발생률이 크게 줄어들었다는 유명한 일화가 있는 것처럼 정리정돈이 잘 된 환경에 있으면 마음도 편안해진다.

부자들이 일하는 곳에 가면 깔끔하게 정리정돈이 잘 되어 있다. 잡동사니를 쌓아두지 않으니 쾌적하고 편안한 안정감을 느끼게 한다. 부자들은 지갑에 들어 있는 지폐도 형태를 가지런하게 맞추고, 책상 위에 필기

구도 방향을 맞춰 정돈한다. 서랍도 정리가 잘 되어 물건을 찾는데 1초도 허비하지 않는다. 이렇게 가지런히 정돈하는 습관이 있어서 말도 정확하게 하고 행동도 흐트러짐이 없다.

《벤 스타인의 55가지 부자습관(How to ruin your financial life)》은 성공한 투자자 벤 스타인의 역설적인 풍자를 담은 책이다. 이 책의 목차대로 살면 돈을 제대로 관리하지 못하고 분명 가난의 늪에서 허우적대고 있을 것이다.

- 저축은 어쩌다가 하고 싶으면 하되, 마음이 내키지 않으면 그만두어라
- 골치 아픈 투자를 배워 마음고생 하지 말자
- 쓰고 싶을 때 써라. 빚 좀 진다고 해서 걱정할 필요 없다
- 당장 충분한 돈이 없어도 품격 있는 생활, 높은 소비 습관을 시작하자
- 누가 돈을 더 많이 쓸 수 있는지 친구와 경쟁하라
- 예금 잔고나 지출내역을 확인하지 마라
- 소유한 만큼 자신의 가치가 정해진다는 사실을 유념하라
- 가능한 한 많은 신용카드를 발급받고, 되도록 자주 사용하라
- 나를 따라 말해보라 "나는 내 재정상태에 책임이 없다."
- 친구에게 돈을 빌려줘라. 특히 연인에게는 주저하지 말고 돈을 꿔주자
- 열심히 일할 필요가 전혀 없다. 단지 기막힌 발명 아이디어 하나만 있으면 된다
- 필요성을 떠나 쇼핑 자체가 정신적으로나 육체적으로 훌륭한 운동임을 확신하라

- 늦은 밤 무료하거나 외롭다고 느낄 때 홈쇼핑이나 인터넷 상품을 주문하라

- 명품을 선호하고 호사스러운 취미를 지닌 연인을 찾아 결혼하라

- 행운의 여신을 기다리며 도박을 하자

- 운에 의지하고 패션 감각이 뛰어나며 언변이 좋은 주식중개인을 선택하라

- 공개 금융 강좌에 참석해 여기서 들은 조언을 그대로 실천하라

- 경제 신문이나 텔레비전에 나오는 전문가가 주식시장을 예측하면 무조건 믿어라

- 주식시장에 관한 지식이 별로 없어도 성공할 수 있다는 확신을 가져라

- 주식을 보유하는 전략에 만족하지 마라. 빠르게 주식을 사고파는 매매 방법이 부자
  가 되는 지름길이다

- 투기적 저가주에 투자하라

- 증권사 신용거래를 통해 돈을 벌어라

- 모든 달걀을 한 바구니에 넣자. 겁쟁이만이 분산투자를 한다

- 투자 수수료와 비용을 무시하라. 그것은 단지 푼돈에 불과하다

3장

부자가 되는 첫걸음

CHANGE ONE HABIT, CHANGE YOUR LIFE

눈덩이처럼 불어나는
나쁜 부채부터 줄여라

부채에는 좋은 부채와 나쁜 부채가 있다.

① 좋은 부채

자산 취득을 위해 생기는 레버리지의 부채다. 내가 통제할 수 있는 범위 안에 있으면서 나에게 돈을 가져다주는 부채라면 좋은 부채라 할 수 있다. 예를 들어 수익형 자산에 투자하기 위해 대출을 받는 것은 좋은 부채에 해당한다. 잔금과 대출금을 내고 수익이 남을 때를 말하는 것이다. 대출금이 수익금보다 많으면 오히려 자산이 감소하기에 이것은 나쁜 부채라고 할 수 있다.

② 나쁜 부채

소비를 위해 생기는 부채다. 나에게서 돈을 가져가는 부채는 모두 나쁜 부채다. 예를 들어 신용카드 대금, 자동차할부금 등은 나쁜 부채에 해당한다. 자동차를 할부로 샀다면 자산이 아니라 나쁜 부채다. 자가용을 소유했다는 만족감은 짧고 다음 달부터 청구되는 빚을 갚아 나가야 한다.

가계부채가 많은 가정은 대부분 부동산담보대출이나 마이너스통장 한도를 꽉 채운 상태다. 급하게 돈 쓸 일이 생기면 단기 또는 장기 카드대출을 받거나 가입한 보험상품에서 약관대출, 신용대출을 받아 쓴다. 원금에 이자를 갚아야 하므로 점점 빚이 늘어나는 구조가 된다. 그러나 재무상태가 양호한 사람은 부채의 비중이 적다.

나쁜 부채를 갖고 있다면 복리 때문에 빨리 갚아야 한다. 복리는 시간이 지날수록 이자에 이자가 붙어서 저축이나 투자를 한 사람에게는 자산을 크게 늘려주지만 빚을 가진 사람에게는 부채가 눈덩이처럼 불어나는 원인이 된다.

내가 아는 직장인은 빚에 허덕이는데 그 이유는 신용카드 때문이다. 그는 스트레스를 받고 심리적 허기를 느낄 때마다 소비를 하고 카드를 긁었다. 그의 문제는 카드를 긁는 행위 자체를 스트레스 해소법으로 여기는 것이었다. 성경에는 "빚진 자는 빚쟁이의 종이 된다"(잠언 22장 7절)는 구절이 있다. 금융회사의 종이 되기 싫으면 부채 중에 가장 먼저 갚아야 할 것은 신용카드 대금 같은 단기부채다. 특히 현금서비스나 카드론은 이자율이 높고 신용도까지 떨어뜨린다. 신용카드 대금을 연체하고 있다면 금융기관의 노예로 전락한 셈이다. 이런 나쁜 부채는 돈의 통제권이 나에게 있지 않고 금융기관으로 넘어간 것이나 다름없다.

나쁜 부채가 있다면 저축은 보류하고 빚부터 갚아라. 이자로 나가는 돈만 줄여도 순자산을 증가시킬 수 있다.

부채를 갚는 것도 우선순위가 있다

어떤 부채부터 갚아 나가는 것이 좋을까? 일반적으로 금리가 높은 것부터 갚기 쉬운데 이자율만 생각하고 부채를 갚는 것은 바람직하지 않다. 대략 부채를 정리해보면, 장기 부동산담보대출, 마이너스통장 대출, 보험약관대출, 신용대출, 지인에게 빌린 대출 등이 있다. 지인에게 빌린 대출을 제외하고 높은 금리 순으로 보면 각자의 상황에 따라 금리 차이는 달라지겠지만 마이너스통장 대출, 신용대출, 보험약관대출, 장기 부동산담보대출이 될 것이다. 부채는 다시 받기 쉬운 대출부터 갚는 것이 유리하다. 특히 부동산담보대출은 상환하면 다시 받을 수 없는 경우가 많아서 다른 자산을 구입할 때 어려움을 겪을 수도 있다.

참고로 원룸 건물과 오피스텔 건물은 신축 당시에는 세입자가 없는 상태이기 때문에 대출금을 최대로 받을 수 있다. 하지만 그 이후에는 신축할 때 받은 대출보다 더 많이 받을 수 없다. 담보대출의 경우 매도할 때

승계가 가능하기 때문에 최대한 많이 낮은 금리로 받아놓으면 높은 가격에 팔 수 있다. 대출이 없는 건물은 매도하기 힘들다. 매수인은 대부분 대출이 있고 실제 투자금은 낮은 상품을 선호한다.

전세를 월세로 전환하라

원룸 건물을 구입할 때 일부 부족한 잔금을 전세로 전환하여 잔금을 치르는 경우가 종종 있다. 원룸의 전세는 월세와 비교하여 낮은 편이 많다. 내 경우에는 전세보증금 5,000만 원에 관리비 5만 원을 받고, 월세는 보증금 300만 원에 월세 40만 원을 관리비 포함하여 받는다. 월세로 전환하면 보증금 차액은 4,700만 원이고 월세 차액은 35만 원이다. 결국 4,700만 원만 있으면 35만 원의 추가소득이 생기는 셈이다. 이것을 금리로 환산하면 연 11%가 된다. 이 정도 수익을 내는 투자 자산은 찾아보기 어렵다. 대출이자는 높아야 5% 이내이다. 당연히 높은 수익이 나는 월세 전환이 최우선이다.

만약 현재 갭투자를 하는 상황 즉 아파트나 빌라를 전세로 주고 있는 상황이라면 대출을 받아서라도 월세로 전환하기를 추천한다. 대출을 받을 수만 있다면 그렇게 하는 것이 대출이자보다 월세로 전환했을 때 조금이나마 수익이 발생할 수 있는 좋은 기회로 삼을 수 있다. 남은 수익으로 대출금의 원금을 갚아나가면 일석이조의 효과를 만들 수 있다.

경비로 사용하지 못하는 부채부터 갚아라

직장인이면 누구나 연말정산을 한다. 주택담보대출이 있는 경우 이자에 대해서는 최대 1,800만 원까지 공제해준다. 사업용 자산 또한 건물담보대출에 대해서는 모든 이자 부분을 지출 증빙해주고 있다. 그러니 건물담보대출의 이자는 세금이 공제받은 것과 같은 효과를 얻을 수 있다. 본 대출은 마지막에 상환하고 경비로 사용할 수 없는 대출 위주로 갚는 것을 추천한다.

은행에서 대출받을 때 알아야 할 최소한의 지식

금융기관에서 대출을 받더라도 최소한의 지식이 있으면 좀 더 유리한 조건으로 대출을 받을 수 있다.

① 금리

주택담보대출을 기준으로 설명하면, 코픽스(COFIX)금리+○.○○%로 되어 있다. 즉 기준금리+가산금리로 구성되어 있다. 어느 은행을 가던지 코픽스금리는 동일하고 가산금리만 달라진다. 신용도나 주거래 실적을 감안해 가산금리를 낮춰주기도 하고, 상품을 가입하면 추가로 낮춰준다고 한다. 하지만 금리가 오를 경우 코픽스금리가 오르는 것이지 가산금리는 대출계약이 만료될 때까지 고정이다.

② 중도상환수수료

은행은 중도에 대출원금을 상환할 경우 수수료를 받는다. 은행 입장에서는 대출을 해줄 때 발생하는 비용(감정평가비 등)을 은행 측에서 납부했으니 미리 상환할 때를 대비해서 그에 맞는 수수료를 받는 것이다. 그리고 수수료율은 대출할 때마다 다르게 적용되니 계약할 때 잘 알아야 한다. 장기대출인 경우에는 대부분 3년간 0.5~1.5%를 적용하고 잔여 개월 수에 따라 낮아진다. 대출 1년차는 1.5%, 2년차는 1%, 3년차는 0.5%를 적용하는 식이다. 중도상환수수료가 아까워 원금상환을 게을리하는 실수를 범하기 않기 바란다. 부채는 최대한 빨리 줄여야 한다.

③ 거치기간

원금을 상환하지 않고 이자만 납부하는 기간을 말한다. 주택담보대출의 경우 정부에서 규제를 하여 현재 거치기간이 사라진 대출이 대부분이다. 대출 발생 후 원금과 이자를 같이 납부해야 한다.

④ 상환 방법

일시상환, 원리금균등상환, 원금균등상환이 있다. '원리금균등상환'은 원금과 이자를 합해서 대출기간 동안 매월 같은 금액으로 상환하는 방식이다. '원금균등상환'은 갚아야 할 원금을 일정하게 하고 이자를 더해 납부하는 방식이다. '원금균등상환'은 원금은 동일하고 이자는 매월 상환된 원금을 제외하고 산출되기 때문에 초기 부담은 있지만 매달 원리금이 줄어든다. 장기적으로 계산해보면 '원금균등상환'이 이자를 적게 내는 방식이니 가급적 이것을 선택하기 바란다.

⑤ 대출기간

직장인의 경우에 주택담보대출은 연말정산 소득공제를 받으려면 15년 이상 장기상품에 가입해야 혜택을 받을 수 있다. 최대기간인 30년을 추천한다. 원금납부를 적게 할 수 있고 자금의 여유가 생길 때마다 추가 납부하는 것이 자산운용에 효율적이기 때문이다.

금융기관에서 대출을 받을 때 위 다섯 가지 항목을 어떻게 적용되는지만 알고 있어도 많은 도움이 된다. 금융기관에 방문하여 직원의 빠른 설명과 정신없는 자서 순간에도 대출상품을 나에게 맞게 세팅할 수 있다. 대출을 받을 때는 '과도한 빚은 고통의 시작입니다'라는 광고 문구를 가슴에 새기기 바란다.

강제저축과
통장관리법

　현대그룹을 일군 정주영 회장은 젊은 시절에 공사판을 전전했다. 숙소에 벼룩이 들끓어 도무지 잠을 이룰 수가 없어서 절묘한 아이디어를 생각해냈다. 세숫대야 4개에 물을 가득 채워 침대 다리 밑에 놓았다. 이렇게 하면 벼룩이 침대에 기어오를 수 없을 것이라고 안심하며 잠을 청했다. 그런데 어찌된 영문인지 그렇게 했는데도 벼룩이 또 공격해 왔다. '벼룩이 무슨 재주로 물을 건너왔을까' 하고 주위를 살펴보았다. 벼룩은 바닥에서 침대로 기어오르는 것이 불가능해지자 벽으로 기어올라 침대에 누워있는 그를 향해 뛰어내린 것이었다. 일개 벼룩도 자신이 원하는 바를 달성하기 위해서는 온갖 수단과 방법을 다 동원한다. 벼룩은 자기 몸길이의 최고 350배를 점프하기도 한다. 사람으로 비교하면 70층짜리 건물 높이만큼 점프하는 것이다. '뛰어봤자 벼룩'이라는 말을 함부로 해서는 안 되는 이유다.

저축을 하는 것도 벼룩이 생존을 건 도전을 하듯이 악착같이 해야 한다. 저축한 돈을 황금알을 낳는 거위로 키우기 위해서는 반드시 그렇게 해야 한다. 수입에서 무조건 50% 이상을 저축하라. 그런 다음에 남은 돈으로 생활하라. 많은 사람들이 저축을 못 하는 이유는 쓰고 남은 돈을 저축하려고 하기 때문이다. 사람들은 수입이 많으면 저축도 많이 할 거라고 생각한다. 하지만 소득이 많다고 저축을 많이 하는 것은 아니다. 소득이 많은 사람은 씀씀이가 커서 오히려 저축을 조금밖에 못 한다. 소득과 상관없이 절제하고 현명하게 소비하는 습관을 가진 사람들이 저축을 많이 한다. 월소득이 200만 원인 직장인 중에는 매달 150만 원을 먼저 저축하고 나머지 돈으로 생활하는 사람들도 있다. 그런데 한 달 소득이 500만 원인 직장인 중에는 월 50만 원도 저축하지 못하는 사람들이 많다.

저축을 많이 하려면 자신의 소득과 생활비를 감안해 저축 비율을 정한 후에 월급이 들어오는 즉시 그 돈이 자동으로 저축계좌로 이체되도록 만들어놓는 것이 좋다. 무조건 먼저 '강제저축'을 한 후에 남은 돈에 맞춰 생활하는 습관을 들여야 한다. 이렇게 해야 저축금액이 늘어난다. 저축은 자기와의 싸움이다. 돈을 쓰지 않아야 돈이 모아진다. 절약 또 절약해서 말일에 남은 돈 전부를 또 저축해야 한다. 처음에는 저축할 돈이 없다고 푸념을 늘어놓지만 먼저 저축하고 남은 돈에 맞춰 생활하다 보면 반드시 적응하게 되어 있다. 인간은 어떤 환경에서든 빨리 적응한다.

초저금리 시대에 강제저축을 하라고 하는 이유는 크게 두 가지다. 하나는 종잣돈을 빨리 마련해서 절호의 기회가 왔을 때 투자하기 위한 것이고, 또 하나는 비상사태를 대비하기 위해서다. 최소한 6개월 정도의 생활비는 비상용으로 확보해둬야 한다. 갑자기 돈 쓸 일은 언제든 생긴다. 만일 비상자금이 없으면 예상치 못한 일이 생겼을 때 빚을 얻어야 한다.

저축을 많이 하려면 신용카드 대신 체크카드를 사용하라. 지출에 대해 좀 더 신중히 생각하고 지출이 점점 줄어든다. 체크카드가 연결된 통장에 한 달 생활비를 송금해놓고 이 돈으로만 생활해보자. 내가 내 돈을 통제하는 습관이 길러진다. 이 습관은 종잣돈 1억 원을 만드는 토대가 된다. 가진 것 없는 사람이 가장 먼저 할 일은 강제저축을 하는 것이다. 저축은 꾸준함과 성실성이 있는 사람만 할 수 있다. 악착같이 아껴 쓰고 저축하라. 심리적인 안정감과 함께 성취감도 느끼게 하는 것이 저축이다.

새해가 되면 나는 신년모임 때 사람들에게 이 질문을 한다. "올해는 돈을 얼마나 저축할 계획입니까?" 질문을 받고 생각하는 사람은 전혀 저축 계획을 하지 않은 것이고, 많으면 많을수록 좋다는 사람은 한마디로 뜬구름을 잡고 있는 것이다. 계획은 구체적인 숫자로 나타내야 한다. 독일의 재테크 전문가이자 백만장자인 보도 섀퍼가 말했듯이 "돈이란 근거 없는 낙관주의를 용납하지 않는다." 돈 앞에서는 근거 없는 전망이 있을 수 없다.

나는 새해가 되면 저축할 금액을 구체적으로 세웠다. 처음에 종잣돈을 모을 때는 수입의 70% 이상을 정기적금에 들었다. 매달 일정액을 불입하려는 노력은 저축하는 좋은 습관이 되었다. 그 결과 만기가 된 적금을 탈 때는 목돈과 좋은 습관이라는 두 마리 토끼를 잡게 되었다. 강제적인 방법에 의해서라도 자신이 목표한 돈을 모은 경험이 있는 사람은 향후 부자가 될 가능성이 매우 높다.

나만의 통장관리법으로 돈의 흐름을 관리한다

돈의 흐름을 정확히 관리하지 못하는 사람들이 많다. 그 이유는 통장 하나로 수입과 지출을 동시에 관리하기 때문이다. 현금 흐름을 쉽게 파악하고 관리하려면 반드시 통장을 분리해서 사용해야 한다.

자산관리 초보자는 오른쪽 그림처럼 '급여통장', '생활비통장', '비상금 통장' 등 3개의 통장관리법을 사용하는 것이 좋다. 외벌이든 맞벌이든 급여를 하나의 통장으로 집결시키고 '생활비통장'과 '비상금통장'으로 스스로 정해놓은 예산을 이체한다. 그리고 정해놓은 저축을 하거나 대출금을 상환한다.

① 급여통장: 급여를 포함한 모든 수입을 이 통장으로 관리한다.
② 생활비통장: 카드대금, 보험료, 관리비, 학원비 등을 이 통장에 있는 금액 범위 내에서 지출한다. 이 통장과 연계된 체크카드를 만들어 대금을 결제하는 것이 편리하다. 통장정리를 하면 지출내역을 확인할 수 있다.

③ 비상금통장: 경조사나 예측하지 못한 목돈 지출에 대비한다. 6개월 정도의 생활비 또는 투자를 위한 단기대비 자금을 넣어둔다. 마이너스통장을 만들 수 있다면 이 것을 활용해 예치금 없이 긴급한 상황에서 인출하는 방법도 좋다.

이처럼 복잡하고 번거롭게 통장을 관리하는 이유는 습관이 되기까지 강제성을 부여하고 나도 모르게 지출하는 습관을 바로잡기 위해서이다. 이것은 대부분의 재테크 서적에서 추천하는 '통장 쪼개기 방식'이다. 재 테크 전문가들은 통장을 목적별로 더 쪼개서 관리하라고 권유하지만 실 천하기는 매우 어렵다. 뭐든지 시스템이 단순해야 실천하기가 쉽다.

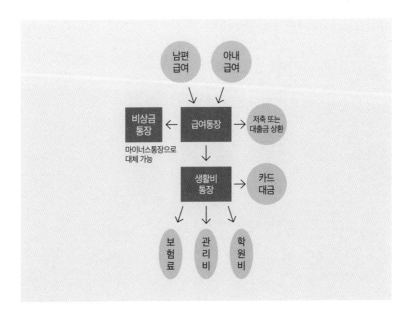

자산관리를 잘하는 사람은 아래의 그림처럼 간편한 통장관리법을 사용하는 것이 좋다. 이미 중수나 고수들은 가계부를 작성한 지 오래되고 월간 자산평가서를 만들어 자산을 철저히 관리하고 있기 때문에 굳이 돈을 분산하여 관리할 필요가 없다.

이 방법은 모든 수입과 지출을 급여통장 하나로 관리하는 것인데, 급여통장에는 마이너스통장 기능을 넣어 일시적으로 자금이 부족할 때 사용할 수 있도록 해야 한다.

단순히 통장만 나눈다고 효과를 보는 것은 아니다. 부자가 되는 길은 돈 관리를 얼마나 잘하느냐에 달려 있다. 내 통장에 들어오는 순간 돈이 어디로 가야 할지 안내하는 역할을 해야 한다. 얼마나 신속하고 정확하게 교통정리를 하느냐에 따라서 여러분이 부자가 되는 속도는 달라질 것이다.

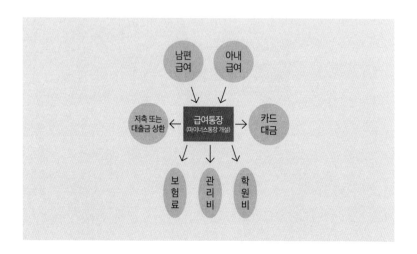

재무목표를 달성하기 위한
to do 리스트

　일본 가네보 화장품에 패기만만한 젊은이 지시키 겐지가 영업사원으로 입사했다. 그는 자신의 미래상에 대해 곰곰 생각해 보았다. 서른다섯에 사업부문 책임자가 되고, 마흔에 독립하거나 최소한 자회사 사장이 되겠다는 목표를 세웠다. 사람들은 그의 목표가 황당무계하다고 비웃었다. 그러나 그는 남의 말에 개의치 않았다. 책상 앞에 '40세까지 0000일'이라고 표시되는 '카운트다운' 시계를 두고 10년간 매일 헤아리며 자신을 분발시켰다. 시대의 흐름을 놓치지 않기 위해 매일 공부하고 비즈니스 스쿨도 다녔다. 35세에 자회사 사장으로 발령받았다. 당초 계획보다 5년 빨랐다. 그는 앞으로 10년 후의 카운트다운 시계를 다시 책상 위에 놓았다.

　우리는 공부 잘해서 좋은 대학에 가고 좋은 직장에 들어가면 경제적으로 어려움 없이 살 줄 알았다. 그러나 아니었다. 상사들의 사는 모습을 보면서 내 10년 후, 20년 후의 미래가 보였다. 그들은 돈, 승진, 자녀교육, 노후 걱정을 하고 있었다. 선배들의 삶이 여러분이 보기에 만족하는 수준이라면 그들이 걸어왔던 대로 따라서 가면 된다. 그러나 불만족스럽다면 자기계발을 열심히 하면서 창업을 준비하거나 근로소득을 밑천 삼아 자산소득을 만들어내는 투자를 해야 한다.

나는 반드시 이루어야 하는 단기목표와 중장기 목표를 세웠다. 중장기 목표는 이러했다.

35세: 자산소득이 근로소득을 넘어선다

40세: 30억 자산가가 된다. 회사를 퇴직하고 자유롭게 하고 싶은 일에 도전한다

45세: 100억 자산가가 된다

50세: 8층짜리 빌딩 소유주가 된다

60세: 공익재단을 설립하여 자산 수익금의 일부를 사회에 환원한다

이 목표를 잊지 않기 위해 내가 매일 한 일은 이러했다.

1. 휴대폰 바탕화면에 '40세에 은퇴하기' 문구를 새겨넣었다. 휴대폰을 볼 때마다 이 목표를 마음속으로 외쳤다.

2. 집에는 화이트보드를 걸어놓고 거기에 이 목표를 큼지막하게 적어놓았다. 벽에는 투자하고 싶은 회사와 관련된 사진을, 냉장고에는 사고 싶은 8층짜리 빌딩 사진을

붙여놓았다. 아내와 아이들이 유치하다고 놀려댔지만 바윗돌처럼 꿈쩍하지 않았
다. 그 사진을 보면서 목표를 이룬 내 모습을 상상했다. 상상을 많이 할수록 더욱더
목표를 달성하고 싶은 의지가 강해졌다. 하루하루를 계획표대로 살면서 수시로 내
가 세운 목표에 근접하고 있는지를 점검했다.

3. 목표를 적은 종이를 코팅해서 지갑에 넣고 다녔다. 지갑을 열 때는 이 종이에 쓴 목
   표를 읽었다. 한 푼이라도 아껴야 돈을 모을 수 있기에 충동적인 소비를 하지 않게
   되었다.

4. 시간이 날 때마다 이루고 싶은 목표를 말하면서 노트에 100번씩 썼다. 손으로 직
   접 쓰는 것은 강력한 힘을 발휘한다. 손으로 쓰는 목표는 머리 안에 있는 목표를 실
   현하기 위한 예행연습이 되기 때문이다.

내가 20대 후반에 세웠던 목표는 모두 이루었다. 40세에 30억 자산
가가 되었고 내 사업을 시작했으며, 45세에는 100억 자산가가 되겠다는
목표를 훌쩍 넘어 120억의 자산을 갖게 되었다. 지금은 8층짜리 빌딩의
소유주가 되기 위해 전문가들의 조언을 경청하고 있다.

재무목표는 구체적이고 명확해야 한다

사람들은 재테크에 관심이 높고 어떻게 하면 빨리 부자가 될 수 있는
지를 궁금해한다. 나를 만나면 이 질문을 빼놓지 않는다.

"어떻게 마흔다섯에 120억 자산가가 되셨나요?"

나는 질문을 받을 때마다 이렇게 되묻는다.

"○○님의 재무목표는 무엇인가요?"

대부분의 사람들은 구체적인 목표가 없었다. 막연하게 '돈이 많았으면 좋겠다', '10억이 있었으면 좋겠다'고 바랄 뿐이었다. 모호한 목표는 실현되지 않는다. 목표가 분명하지 않기 때문이다. 목표는 구체적이어야 한다. 반드시 무엇을 어떻게 해서 어떤 결과를 얻는다는 구체적인 목적과 방향이 정해지면 하루하루 최선을 다하게 되고 결국 목표와 가까운 결과치가 나온다.

재무목표는 구체적이고 명확하게 세워야 한다. 만약 10억을 모으고 싶다면 그 돈을 모으는 기간과 방법 등을 담은 재무목표를 먼저 세우고, 큰 목표와 작은 목표, 세부적인 프로세스 맵을 작성해두어야 한다. 그리고 매일 실천해야 할 체크리스트를 만들어 그것을 했는지 안 했는지 확인해야 한다.

재무목표는 결혼 및 자녀 여부, 각자의 수입, 가치관에 따라 다양할 수 있다. 훈련이 안 된 사람은 처음부터 재무목표를 높게 잡고 달성 기간을 너무 길게 잡으면 중간에 포기할 가능성이 높으니 1년 단위로 목표액을 정하는 것이 좋다. 가령 1년에 1,000만 원을 모으는 게 목표라면 매달 83만 원을 모아야 한다. 매달 83만 원을 모을 수 있는 to do 리스트를 작성한다.

- 큰 목표: 1년 안에 1,000만 원 모으기

- 작은 목표: 매달 83만 원 저축하기

- 목표를 달성하기 위한 to do 리스트

1. 술 마시는 횟수를 줄인다

2. 하루에 한 갑 피우던 담배를 끊는다

3. 비싼 커피를 마시는 횟수를 줄인다

4. 시간에 쫓겨서 택시를 타지 않는다

5. 예정에 없는 외식은 하지 않는다

6. 휴대폰 요금제를 낮춘다

직장인이 월소득 200만 원에서 83만 원을 저축하려면 그야말로 허리
띠를 졸라매야 한다. to do 리스트를 작성하면 '커피 값 몇천 원 정도쯤
이야'라고 생각하고 마시던 커피를 안 마시게 된다. 한 달에 9만 원을 아
낄 수 있다. 목표를 세우고 실행하는 것을 너무 어렵게 생각할 필요는 없
다. 아무리 사소한 목표라도 그것을 달성하기 위한 to do 리스트를 작성
한 다음에 실천을 하면서 주 단위, 월 단위로 점검해 나가면 된다. 목표
를 달성하는 기간을 얼마나 단축하고 있는지를 체크해 나가면 재미있고
성취감이 생긴다. 재무목표를 세워 달성하는 즐거움은 어떤 것과도 바꿀
수 없는 나만의 무형자산이다.

가계부와 자산평가서를
작성하라

부부가 화목하게 돈 얘기를 하는 일은 별로 없다. 아내가 생활비가 적다고 하면 남편은 씀씀이를 줄이라 하고, 그 말을 들은 아내는 남편에게 돈이나 많이 벌어오라고 맞받아친다. 이런 분위기에서는 가계부를 쓰자는 말을 할 수가 없다. 평소에 가정의 재무상태에 대해 부부가 진지하게 머리를 맞대고 대화하지 않았다면 더더욱 그렇다. 경제독립을 하려면 부부가 일심동체가 되어야 한다. 재무목표를 정하고 어떻게 그 목표에 도달할지를 격식을 갖춰 얘기해야 한다. 부부가 한마음이 되어야 불필요한 소비를 줄이고 저축을 늘릴 수 있다. 부자가 되려면 온 가족이 함께 노력해야 한다.

가계부를 활용하는 방법

가계부는 세대원 중 누가 쓰는 것이 좋을까? 가계부의 필요성을 느끼는 사람이 써야 한다. 공부의 중요성을 모르는 학생이 공부를 잘할 수 없듯이 가계부의 필요성을 모르는 사람은 지속적으로 가계부를 쓸 수 없기 때문이다. 가계부 작성자를 정했으면 그 사람에게 숨김없이 모든 소득을 공개하고 관리하도록 막강한 권한을 주어야 한다.

월간 가계부를 작성하라

가계부의 지출란에는 식비, 월세, 전기세, 수도세, 여행 자금, 도서구입비, 경조사비, 병원비, 보험료, 대출 원리금 상환액, 교육비, 자동차 유지비, 통신비, 외식비, 부모님과 자녀의 용돈 등이 있을 것이다. 가계부를 써서 좋은 점은 매달 빠져나가는 모든 지출을 항목별로 살펴볼 수 있다는 점이다. 지출 내역을 점검하다 보면 소비 패턴을 알 수 있고 줄일 수 있는 항목이 보인다. '이번 달에는 외식을 많이 했네', '충동소비를 자제하고 계획소비를 해야겠구나'이런 생각을 하게 된다.

가계부 작성이 번거롭고 스트레스가 쌓인다면 다양한 애플리케이션을 활용해보자. 이 앱들은 지출 내역을 매번 기록하지 않아도 자동으로 정리하고 분류해주는 기능이 있고, 금융자산과 실물자산을 한 번에 모아 관리할 수 있고, 각종 통계 및 분석 자료를 일목요연하게 확인할 수 있다.

다음 달 가계부를 미리 작성하라

한 달 동안 가계부를 작성했다면 이번 달 데이터를 기초로 다음 달 가계부를 미리 작성할 수 있다. 예를 들어 4월 지출이 200만 원이었다면 5월 지출은 얼마나 될지 미루어 짐작할 수 있다. 5월은 지출이 많은 달이다. 어린이날, 어버이날, 스승의 날에 휴일도 많다. 게다가 결혼을 많이 하는 달이어서 축의금도 필요하다. 가계부를 쓰면 4월 지출에서 얼마가 더 추가될지 예상할 수 있고, 지출 항목 중에서 무엇을 더 줄여야겠다는 결론에 도달한다. 이렇듯 다음 달 지출을 미리 계산해보는 것이 습관이 되면 가정 살림이 쪼들리지 않는다.

가계부 작성이 쉽지 않다는 것을 나도 안다. 하루 종일 일하고 피곤한데 집에 와서 가계부를 쓰려면 귀찮고 짜증이 날 수도 있다. 하지만 가계부를 작성하는 것은 가정경제 상황을 파악하고 계획하고 대비하기 위해서다. 소득에서 먼저 저축하고 예산을 세워 지출하고 결산하는 것이 핵심이다. 분명한 것은 가계부를 쓰는 사람과 쓰지 않는 사람의 차이는 몇 년 후에 많은 자산 차이로 나타난다는 것이다. 귀찮아도 포기하지 않고 계속하는 사람, 예측하고 대비하는 사람은 반드시 부자가 된다.

월간 자산평가서를 활용하는 방법

투자 상담을 요청하는 사람들에게 나는 '월간 자산평가서'부터 만들라고 권한다. 금융자산과 부동산자산, 부채를 한눈에 알아볼 수 있고 재정의 건강 상태를 파악할 수 있기 때문이다.

자산은 금융자산과 부동산자산으로 구분할 수 있다. 그리고 부채는 대출금과 보증금 등으로 구분한다.

- 금융자산: 현금, 통장의 잔고, 펀드, 적금, 적립식 보험, 빌려준 돈 등

- 부동산자산: 아파트, 주택, 상가, 오피스텔, 토지 등

- 은행 부채: 각종 담보대출, 신용대출, 사금융 대출 등

- 개인 부채: 빌린 돈

- 보증금: 월세 보증금, 전세 보증금 등

월간 자산평가서를 보면 실제 나의 자산상태를 알 수 있다. 사람들은 작년보다 자산이 얼마나 증가 또는 감소했는지 잘 모른다. 월간 자산평가서를 만들었다는 것은 경제독립을 위한 여정을 시작했다는 의미다. 이것을 매달 작성하면 자산이 점차적으로 증가하는지 감소하는지의 추이를 알 수 있다.

자산이 시간이 지날수록 늘어나게 하려면 투자를 늘리고 동시에 부채를 줄여야 한다. 가령 여러분의 현재 자본이 1억 원이고 부채가 4,000만

2020년 10월 대차대조표

자산 — 금융자산 — 저축

종류	이름	예금주	만기일	금액	차액
일반 예금	00은행 개인통장	강용수		₩　-	
일반 예금	000 금고 (~통장)	강용수		₩　-	
일반 예금	00은행 (매인통장)	강용수		₩　-	
일반 예금	00은행 (개인상가임대료)	강용수		₩　-	
법인 예금	00 은행 (0000빌 임대료통장)	아름다운사회		₩　-	
법인 예금	00 은행 (00원룸 임대료통장)	아름다운사회		₩　-	
법인 예금	00 은행 (0을 임대료통장)	아름다운사회		₩　-	
법인 예금	00 은행 (00하임 생숙 임대료통장)	아름다운사회		₩　-	
법인 예금	00 은행 (00하우스 생숙 임대료통장)	아름다운사회		₩　-	
법인 예금	00 은행 (태양광 통장)	아름다운사회		₩　-	
법인 예금	00 은행 (대출금 통장)	아름다운사회		₩　-	
카카오뱅크	00오 은행 (~통장)	강용수		₩　-	
< 소 계 >				₩　-	

대부

종류	이름		상환일	금액
개인대출	000		2020.6	₩　-
대출	000		2016.5	₩　-
대출				₩　-
< 소 계 >				₩　-

펀드

종류	이름	예금주	만기일	금액
적립식펀드	00에셋우리아이3억(건)	강0	2016.7.6	₩　-
적립식펀드	00에셋우리아이3억(솔)	강0000	2016.7.6	₩　-
< 소 계 >				₩　-

적금

종류	이름	예금주	만기일	금액
청약저축	청약저축 (00은행)	강용수	2019.9.16 (가입)	₩　-
연금저축	연금 (00생명)	강용수	2019.5	₩　-
연금저축	연금 (00화재)	강용수	2011.12	₩　-
퇴직연금	퇴직연금 IRP (00은행)	강용수	2016.1	
개인사업자공제	00무산공제	강용수		
< 소 계 >				₩　-

현금

종류	환율		보유금액	원화합계
원화				₩　-
US 달러		1124	$　-	₩　-
GOLD			1KG	
< 소 계 >				₩　-

투자

종류	투자 상품	수식수	투자금액	현재가치
태양광발전	강룡 태양광1호 300kw	2018.12		
태양광발전	강룡 태양광2호 500kw	2018.3		
< 소 계 >				₩　-

동산총계	전월			₩　-

부동산

종류	명의	매입시기	투자금액	매매시세
00상가	00시 00동102호	2005.12		
000상가	00시 00동 1138호(월60만원)	2007.6		
재개발주택	00시 00동 302호	2008.2		
000 토지/건물	00시 00동 000-0	2014.4		
0을 원룸	00시 00동 000-0	2015.2		
00둥 집	00시 00동 000-0	2016.6		
00아파트	00시 00동 (0000호. 0000호.)	2018.4		
0터 원룸	00시 00동 000-0	2017.3		
0000빌	00시 00동 000-0	2018.3		
00하임	00시 00동 000-0	2019.8		
00하우스	00시 00동 000-0	2019.8		
00 별장	00시 00동 000-0	2020.7		
< 소 계 >			₩　-	₩　-

부동산총계	전월			₩　-
자산총액	전월			₩　-

		종류	명의/용도	발생시기	부채총액	현재부채	
부채	은행대출	000금고					
		00은행					
		00은행					
		00은행					
		00은행					
		00은행					
		00은행					
		00은행					
		00은행					
		00은행					
		0협					
		0협					
		00은행					
		00오뱅크					
		00생명					
		< 소 계 >				₩	-
	개인대출	개인대출					
		개인대출					
		개인대출					
		개인대출					
		개인대출					
		< 소 계 >				₩	-
		종류	용도	발생시기	발생만료일	현보증금액	
	보증금	000주택	000보증금				
		000000상가	000보증금				
		0000상가	00보증금				
		원룸 (0월)	000보증금				
		원룸 (0터)	0보증금				
		원룸 (0000)	0보증금				
		월룸(00하임)	0보증금				
		원룸(00하우스)	0보증금				
		00아파트	0보증금				
		< 소 계 >				₩	-
부채총액		전월				₩	-
순자산		전월				₩	-

원이라고 해보자. 3년 뒤에 자산을 2억으로 만들고 싶다면 어떻게 해야 할까? 목표인 자산 2억 원에 도달하기 위해서는 1억 4,000만 원이 증가해야 한다. 그렇다면 1년에 대략 4,700만 원이 늘어나야 한다. 한 달에 400만 원 꼴이다. 이렇게 계산을 해보면 월소득에서 얼마를 저축하고, 쓰고, 부채를 갚고, 투자해야 하는지를 알 수 있다. 그런 다음에는 매달 자본과 부채를 확인해서 자산이 400만 원씩 증가하는지 확인해야 한다.

부자가 되는 길은 순탄하지 않다. 자본과 부채, 그리고 자산의 증감 추이를 분석하면서 감내할 것은 감내하고 신중하게 투자하면서 한 걸음씩 나아가야 한다. 월간 자산평가서를 작성하면서 재무목표를 기필코 달성하겠다는 각오를 단단히 해야 한다.

한 살이라도 젊을 때
투자하라

누구나 인생에서 가장 힘들었던 시간이 있었을 것이다. 나는 20대 중반에서 30대 후반까지 종잣돈을 모았던 15년의 시간이 가장 힘들고 견디기 힘들었다. 특히 투자목표를 세운 다음 30대 후반까지 절약하고 조금씩 저축하던 과정이 고통스러운 기억으로 남아있다.

종잣돈은 영어로는 Seed Money 즉 씨앗이 되는 돈이다. 농사를 지으려면 씨앗을 살 돈이 필요한데 이 돈이 바로 종잣돈인 셈이다. 종잣돈은 지금이 아닌 미래를 위해 준비하는 돈이고, 근로소득보다 자산소득이 많아지기 위해 징검다리가 되는 돈이다. 종잣돈이 없으면 투자할 기회가 와도 잡을 수가 없다.

조정래의 소설 《정글만리》에는 "이익이 확실하면 만금 쓰기를 주저하지 말아야 하고 이익이 없으면 한 푼도 써서는 안 된다"는 말이 나오는데, 종잣돈을 만들려면 한 푼이라도 아껴 써야 하고 종잣돈을 모으는 과정에서 그 돈을 어디에 투자할 것인지를 정해놓아야 한다.

한 살이라도 젊을 때 투자해야 하는 이유는 복리의 마법 때문이다. 투자 기간이 길수록 복리효과는 눈덩이처럼 커진다. 젊을 때 마련한 종잣돈으로 투자해서 얻은 자본은 노후에 수십억의 가치로 불어날 수도 있다. 부자들은 오늘 한 푼이라도 아껴 쓴 덕분에 종잣돈을 모으고 이익이 확실한 곳에 투자하여 부를 확장하고 노후에 경제적 자유를 누리며 사는 것이다.

종잣돈을 모을 때는 번데기가 나비가 되는 과정처럼 살이 찢어지는 고통을 이겨내야 한다. 낭비와 인색함 사이에서 고민하고, '무슨 부귀영화를 누리겠다고 이렇게 아끼면서 살아야 하나'라는 마음이 들 때는 지금은 고작 1만 원밖에 안 되는 돈이 미래에는 무려 100만 원, 1,000만 원이 된다는 상상을 하면서 괴로운 마음을 달래야 한다. 젊을 때는 돈을 쓰면서 즐거움을 느끼는 것이 좋지만 미래를 위해 현재의 소비를 자제해야 한다.

직장 초년생부터 30대 중반까지의 기간이 종잣돈을 모을 수 있는 골든 타임이다. 결혼해서 아이를 키우면 지출이 늘어날 수밖에 없다. 종잣돈 마련은 빠를수록 좋다. 젊을 때 고생 좀 하기로 마음먹는 순간 모든 것이 달라진다. 인생 전체를 놓고 보았을 때 종잣돈을 모을 때의 고생은 반드시 필요하다. 이때 돈을 모으지 않으면 인생에 후회하는 일로 남을 것이다.

인생에서 후회되는 일

어느 노인이 유명한 시인이자 화가인 단테 가브리엘 로세티를 찾아왔다. 노인은 몇 장의 그림을 로세티에게 보여주면서 그림에 소질이 있는지 말해 달라고 부탁했다. 로세티는 노인의 청을 거절할 수 없어서 그림을 찬찬히 살펴보았다. 노인의 그림은 평범했다. 로세티는 노인이 낙심하지 않도록 말을 에둘러 했고 노인은 말뜻을 알아들었다.

노인은 그림을 몇 장만 더 봐 달라고 부탁했다. 그 그림은 젊은 화가가 그린 것 같았다. 로세티는 화가의 예술적 재능에 감탄했다.

"너무나 훌륭합니다. 이 그림을 그린 분은 대단한 예술적 재능을 가지고 있습니다. 계속 그림을 그린다면 분명히 훌륭한 화가가 될 것입니다."

그 말을 들은 노인의 표정이 굳어졌다.

"이 유망한 젊은 화가는 누구입니까? 아들입니까?"

"아니요."

노인은 슬픈 표정을 지으며 대답했다.

"그 사람은 40년 전의 나입니다. 그때 누군가가 내게 관심을 갖고 격려해 주었더라면 좌절하지 않고 계속 그림을 그렸을 텐데……."

'삶'이라는 한 글자 속에는 말로 할 수 없는 숱한 사연들이 담겨 있다. 웃어야 할 시간에 울고, 성공해야 할 때 실패하고, 행복해야 할 시간에 불행하고, 즐거워해야 할 시간에 슬픔이 몰려온다. 시간의 화살은 과거에서 현재를 거쳐 미래로 날아간다. 그 화살은 역방향으로 날아오지 않는다.

내 인생에서 후회되는 일(남자)

순위	10대	20대	30대	40대	50대	60대	70대
1	공부 좀 할걸	공부 좀 할걸	공부 좀 할걸	공부 좀 할걸	공부 좀 할걸	돈 좀 모을걸	아내 눈에 눈물나게 한 것
2	엄마에게 대들지 말걸	엄마 말 좀 들을걸	돈 모아 집 사둘걸	술 어지간히 먹을걸	겁 없이 돈 날린 것	술 줄이고 건강챙길걸	노후자금 모아둘걸
3	친구랑 다투지 말걸	그 여자 잡을걸	그 회사 그냥 다닐걸	땅 좀 사둘걸	아내한테 못할 짓한 것	아내한테 못할 짓한 것	배우고 싶었는데…
4	게임 끊을걸	돈 좀 아껴 쓸걸	그 여자 잡을걸	그 여자 잡을걸	인생 대충 산 것	배우고 싶었는데…	애들 공부 더 시킬걸
5	욕 배우지 말걸	사고 치지 말걸	아랫사람에게 잘 해줄걸	아내한테 못할 짓한 것	부모님께 효도할걸	노는 것 좀 배워둘걸	술 줄이고 건강 챙길걸

내 인생에서 후회되는 일(여자)

순위	10대	20대	30대	40대	50대	60대	70대
1	공부 좀 할걸	공부 좀 할걸	공부 좀 할걸	공부 좀 할걸	애들 교육 신경 더 쓸걸	애들에게 더 잘할걸	배우고 싶었는데…
2	엄마한테 거짓말한 것	엄마 말 좀 잘 들을걸	이 남자랑 결혼한 것	애들 교육 신경 더 쓸걸	결혼 잘못한 것	배우고 싶었는데…	먼저 간 남편한테 잘 해줄걸
3	친구랑 싸우지 말걸	친구랑 싸우지 말걸	전공선택 잘못한 것	내 인생 즐겨볼걸	공부 좀 할걸	돈 좀 모아 놓을 걸	돈 좀 모아 놓을 걸
4	학교 잘못 고른 것	더 화끈하게 놀걸	결혼 후 직장 그만둔 것	결혼 잘못한 것	남편 바가지 긁은 것	이 집안에 시집 온 것	부모님께 잘할걸
5	좋은 친구 사귈걸	사표 낸 것	부모님께 잘할걸	부모님께 잘할걸	돈 좀 잘 굴릴걸	부모님께 잘할걸	평생 고생만 한 것

MBC에서 방송했던 '세바퀴'라는 예능프로그램이 있었다. 다양한 나이의 대한민국 국민들에게 '인생에서 가장 후회되는 일이 무엇인가요?'라는 질문을 하고 그 결과를 출연자들에게 맞히게 했다. '인생에서 후회되는 일'은 남자와 여자가 달랐고 세대별로 차이점을 보였는데, 그중에서 내 눈에 띈 답은 '젊을 때 아껴 쓰고 돈 좀 모을걸'이었다. 사람들은 경제력이 떨어진 나이가 되어서야 '젊을 때 돈을 모아서 투자를 하고 노후자금을 마련해둘걸' 하고 뒤늦은 후회를 했다.

어떤 삶을 선택하느냐는 나에게 달려 있다. 우리는 선택을 통해 많은 것을 바꿀 수 있다. 지금 우리의 삶은 우리가 매 순간 선택한 결과의 총합이다. 우리는 매일 크고 작은 선택을 하며 살아간다. 중요한 것은 그 선택권이 타인이 아니라 나 자신에게 언제나 주어진다는 것이다. 내 삶은 내가 선택한 것이고 그 선택은 기회로 이어진다. '인생에서 후회되는 일'이 없도록 한 살이라도 젊을 때 아끼고 절약해서 종잣돈을 만들자. 가계부를 쓰면서 지출을 통제하고, 신용카드 대신 체크카드를 사용하고, 저축부터 하고 남은 돈으로 생활하자. 이익이 없으면 1원도 쓰지 않는 것을 원칙으로 삼고 그렇게 모은 돈으로 투자를 시작하자.

복리의 마법을 활용한다

주식이든 부동산이든 투자는 언제 하는 것이 가장 좋을까? 그 시점은 지금이다. 지금 나이가 젊다면 은퇴하는 시점까지 시간이 많이 남아 있으므로 더 유리하다고 볼 수 있다. 투자한 돈은 시간과 함께 눈덩이처럼 불어난다. 현명한 부모는 이 사실을 알기 때문에 아이가 어릴 때부터 아이 몫으로 투자를 시작한다. 돌잔치 때 받은 돈, 명절의 세뱃돈, 친척들이 준 용돈으로 주식을 사고, 생일, 입학, 졸업 때 축하하는 마음을 담아 주식이나 펀드에 투자하여 돈이 일하게 한다.

투자는 일찍 시작하는 사람에게 유리하다. 복리의 위력 때문이다. 최고의 물리학자였던 아인슈타인도 복리를 인류의 가장 위대한 발명품이라고 이야기했다. 단리는 원금에 이자를 더해 계산하는 방식이지만 복리는 원금과 이자를 합친 금액에 다시 이자를 더하는 계산방식이다. 복리의 원리를 알면 적은 돈이라도 투자하고 싶은 마음이 간절해진다. 매일 커피 한 잔을 사 마시고, 담배 한 갑을 피우는 청년이 그것을 하지 않고 매일 1만 원씩 주식을 사면 그는 노후에 빈곤하게 살지 않는다. 건강한 몸으로 하고 싶을 일을 하면서 노후를 여유롭게 보낼 수 있다.

지금 1만 원과 1,000만 원을 앞에 놓고 어느 것을 가지겠냐고 하면 바보가 아닌 이상 모두 1,000만 원을 가지려 할 것이다. 지금 당장 1만 원을 아껴서 먼 훗날 1,000만 원을 손에 쥘 수 있는데 당장 앞에 있는 돈 1,000만 원에만 눈독을 들인다. 미래의 어느 날을 위해서 절제하는 것은 쉽지 않다. 오늘 당장의 즐거움을 만끽하고 싶은 것이 인간의 본성이다.

복리의 마법을 염두에 둔다면 오늘 투자하는 것이 내일 투자하는 것보다 낫다. 이번 달에 투자하는 것이 다음 달에 투자하는 것보다 낫다. 내년에 투자하는 것보다 올해 투자하는 것이 낫다. 조금이라도 일찍 투자를 시작하고 돈을 굴려야 이익이 커진다. 100만 원도 20대에 투자하는 것과 50대에 투자하는 것은 금액은 같지만 그 결과는 엄청난 차이가 난다. 시간의 힘을 과소평가하지 마라. 복리의 마법을 간과하지 마라. 미래의 어느 날 아침에 쓰고도 남을 자산소득이 만들어진 것을 보고 입이 귀에 걸릴 것이다.

주식 투자는 반드시 해야 한다. 한 살이라도 젊을 때 주식에 투자하는 법을 배워라. 평생 할 투자라면 대충 하지 말고 제대로 공부하라. 공부하고 또 공부하면 경험이 쌓이고, 돈의 흐름도 보이고, 세상을 보는 안목도 생긴다. 노후에도 모아놓은 자산을 활용해 웬만한 직장인의 근로소득보다 더 많은 자산소득을 얻을 수 있다.

투자의 목적은
노후준비다

"투자를 왜 하시나요?"

주식이나 펀드, 부동산에 투자하는 사람들에게 우문(愚問)을 던진다. 사람들은 돈을 벌기 위해서, 잘 먹고 잘살기 위해서, 빨리 돈 벌어서 은퇴하기 위해서, 건물주가 되기 위해서, 사업을 하기 위해서, 경제적 자유를 얻기 위해서 투자를 한다고 대답한다. 내가 하고 싶은 말은 현실적인 투자의 목적부터 정하라는 것이다. 이런 목표 설정이 중요한 이유는 투자를 할 때 목표가 구체적일수록 방법이나 타이밍, 투여하는 금액도 달라지기 때문이다.

나는 가족과 함께 행복한 노후를 보내기 위해서 투자를 했다. 그래서 차근차근 미래를 준비하게 되었다. 빨리 부자가 되려고 하지 않았기에 도박을 하지 않았고, 투기를 하지 않았으며, 수익이 조금 나더라도 안전한 자산에 투자했다. 주식 투자를 해도 좋은 기업의 주식을 사서 모은다는 생각으로 투자를 했다.

어떤 직종에서 일하든 은퇴할 시간은 다가온다. 그러나 노후준비가 되어 있지 않으면 은퇴를 하고 싶어도 은퇴를 할 수가 없다. 수입이 없으면 살 수 없기 때문이다. 아파트 한 채 소유하고 연금 받아서 살 수 있는 정도라면 그나마 다행이다. 많은 사람들이 정년 퇴직을 하고도 아파트 담보대출금과 퇴직금으로 작은 프랜차이즈를 시작한다. 치킨집, 편의점, 빵집 사장이 된다. 일단 편하고 망할 확률은 줄어든다. 그러나 노동력을 제공해야 하므로 삶의 질은 확연히 떨어진다. 부부가 교대로 하루도 쉬지 못하면서 일하고 고용한 알바비를 주고 나면 순이익은 얼마 안 된다. 백종원 씨가 '골목식당'에서 "내가 이 프로그램을 하는 이유는 자영업을 하라고 부추기는 게 아니다. 웬만하면 하지 말라고 하는 거다" 라는 말이 그냥 하는 말이 아니다.

이렇게 시작한 소규모 창업이 잘되면 좋겠지만 상당수가 오래 버티지 못하고 가게 문을 닫는다. 자영업 경험이 전혀 없는 상태에서 준비하지 않고 무작정 시작하기 때문이다. 회사는 그만두면 퇴직금을 주지만 자영업은 망하면 상가에 인테리어 철거뿐만 아니라 청소까지 말끔히 해주고 빈손으로 나와야 한다.

미리 노후준비를 하지 않으면 은퇴 후에 남은 생애를 여유롭고 평화롭게 살아갈 수 없다. 근로소득을 밑천 삼아 꾸준히 자산소득이 나오는 주식이나 펀드, 수익형 자산에 투자해야 한다. 아니면 사업을 시작해 내가 일하지 않아도 돌아가는 시스템을 만들어야 한다.

40세 전까지는 직장을 잃을 리스크가 적고 계속 급여가 상승되므로 투자금을 높이고, 마흔에서 50대까지는 소득이 정점인 대신 가계 지출이 많은 시기이기 때문에 투자 리스크를 감안하여 조금은 안정적인 투자를 해야 한다. 60세 이후에는 은퇴를 하는 시기이므로 소득이 많지 않고 고용 또한 안정적이지 않기 때문에 더더욱 안전한 투자를 해야 한다. 이 시기에는 보유한 자산을 유지하는 데 힘써야 한다. 한 번의 잘못된 투자로 힘들여 모은 자산을 모두 날릴 수도 있기 때문이다.

4장

돈이 일하게 하라

CHANGE ONE HABIT, CHANGE YOUR LIFE

주식이든 부동산이든
나에게 맞는 투자를 하라

가끔 이런 질문을 받는다. "주식에 투자하는 것이 좋을까요, 부동산에 투자하는 것이 좋을까요?" 나는 주식이든 부동산이든 잘 모르면 투자하지 말라고 권한다.

내가 정확한 판단으로 구입하지 않고 다른 사람이 투자 상품을 골라주고 비용만 처리한다면 두 번째의 투자 상품도 누군가의 도움을 받아 구매할 수밖에 없다. 그러면 누군가가 악한 마음을 먹고 속이더라도 속수무책으로 당할 수밖에 없다. 자신이 잘 모르는 분야나 업종에 투자해서는 안 된다.

나는 다음과 같이 말하는 사람들이 자기에게 맞는 투자를 하는 사람이라고 생각한다.

"주식은 손실에 대한 리스크가 너무 크다. 그래서 수익형 부동산 투자를 선호한다."

"채권은 수익률이 너무 낮고 회수가 오래 걸린다. 그래서 투자를 안 한다."

"어음은 부도날 리스크가 있다."

"특허는 전문지식이 있어야 한다."

"네트워크 마케팅은 다단계라는 색안경을 끼고 보는 사람들이 많아서 싫다."

자신에게 맞는 투자를 하면 된다. 이해하기 어려운 투자는 하지 않고 자신이 잘 아는 분야에 투자하면 된다. 그래야 소신을 가지고 투자를 할 수 있다.

투자 상품을 분류해보면, 고수익 고위험 투자, 중수익 중위험 투자, 저수익 저위험 투자로 나눌 수 있다.

- 고수익 고위험 투자: 성장주 주식형 펀드, 테마주 주식 투자, 분양권 투자, 현물 투자(원유, 금, 기타 광물), 어음 등
- 중수익 중위험 투자: 인덱스 펀드, 배당주 주식 투자, 우량주 펀드, 임대형 상가투자, 기업 채권 등
- 저수익 저위험 투자: 국·공채 투자, 주식·채권 혼합형 펀드, 임대형 주택투자 등

누구나 본인에게 맞는 투자가 있다. 나는 부동산 투자를 선호한다. 특

히 수익형 부동산 투자를 좋아한다. 다른 수익형 자산에 비해 어렵지 않고 경기와 금리 변동에 가장 둔감하고 원금손실의 리스크가 비교적 적기 때문이다. 사람들은 나에게 부동산을 잘 고르는 능력이 있다고 한다. 그렇게 되기까지는 오랜 시간 공부하고 발품을 파는 시간이 있었다. 그 과정에서 나만의 체크리스트를 만들고 빠르게 분석할 수 있는 방법을 터득했다. 주식이든 부동산이든 본인에게 맞는 투자를 하라. 돈을 잃지 않으려면 공부하고 또 공부해야 한다.

태양광발전사업도 수익형 자산이다

신재생에너지 사업 중 하나인 태양광발전사업은 나의 수익형 자산이다. 태양광발전은 태양빛을 바로 전기로 전환하는 태양전지 등을 이용해 태양의 빛 에너지로부터 전기를 얻는 시스템이다. 나는 2개의 태양광 발전소를 운영하고 있다. 하나는 회사 사옥 옥상에 있는 67kw급 발전소이고, 다른 하나는 강원도 강릉시에 있는 500kw급 발전소이다. 강릉에 있는 발전소는 기존의 배추밭을 매입하여 만들었다. 이 두 곳의 발전소에서 평균 2,500kw의 전기를 생산하여 한국전력에 판매한다. 하루 평균 1,200kg의 이산화탄소 감소 효과를 얻고 있으며 전기를 팔아 수익도 얻고 있으니 일석이조가 아닐 수 없다.

전기를 생산하는 단가는 현재 낮은 가격으로 형성되어 있어서 상대적으로 전기판매 단가가 낮다. 그 이유는 한국전력이 수입하는 전기의 단가는 전국의 전기 사용량과 원유(석유)의 구입단가와도 연관이 있기 때문이다. 지금 세계 원유 단가는 코로나19(신종 코로나바이러스 감염증)의 영향으로 낮은 가격에 거래되고 있으며 우리나라의 공장 가동률이 낮아서 전기 소비가 많이 줄어든 상태이다. 주로 여름과 겨울은 전기 소비가 많고 봄과 가을은 상대적으로 낮다.

나는 태양광발전사업을 계속 늘려나갈 계획이다. 앞으로 전기 수요는 늘어날 것이 분명하기 때문이다. 지구 온난화로 지구촌은 몸살을 겪고 있으며 석탄발전소에서 값싼 전기를 만드는 것은 한계가 있다. 수년 안에 내연기관 자동차는 줄어들고 전기차 시대가 올 것이다.

태양광발전사업은 규제 조건이 너무 까다로워서 누구나 할 수 있는 사업은 아니다. 태양광 발전소를 만들기가 쉽지 않다.

첫째, 입지 조건에 맞는 부지를 확보하기가 어렵다. 규제가 강화되어 이제는 임야에 설치하는 것이 불가능하다고 봐야 한다. 사실 산에 나무를 벌목하고 친환경 태양광을 건설하는 것이 조금 아이러니한 부분이 있다.

둘째, 주민들의 반대로 공사가 지연되고 포기하는 사례까지 나오고 있다. 주민들이 태양광사업을 한다고 하면 색안경을 끼고 여러 가지 증명되지 않은 이유를 들어 반대한다. 심지어는 돈을 요구하는 사례도 종종 있다.

셋째, 태양광발전사업 허가를 얻기가 어렵다. 관할 지자체를 만족시켜야 할 규제 조건이 너무 많다. 물론 주변 환경을 생각하여 엄격하게 관리하는 것은 좋은 일이기는 하다. 한번 허가를 내주면 20~30년까지 발전소를 운영해야 하기에 심사숙고하는 것은 당연한 일이다.

넷째, 여러 문제를 해결하고 태양광발전사업 허가를 받아 공사가 끝났다고 하자. 이제는 전기를 한국전력에 팔아야 하는 일만 남았다. 그러나 한국전력에서 주변 변전소의 용량 초과로 전기 선로가 확보되지 않으면 전기를 팔 수 없다. 무작정 기다려야 한다. 나 역시 1년 정도 기다려서 사업개통을 시작했다. 1년가량 전기를 생산하여 버린 셈이다. 손실액을 따져보면 1년에 1억 원 정도 된다.

그럼에도 불구하고 내가 태양광발전사업을 하는 이유는 장점이 많기 때문이다.

첫째, 유지관리가 쉽다. 해가 뜨면 발전이 자동으로 시작되고 해가 지면 발전을 멈춘다. 딱히 관리할 것이 없다. 휴대폰이나 컴퓨터로 발전량만 확인하면 된다. 발전량에 이상이 생기면 휴대폰에 알람이 뜨고 미심쩍으면 CCTV로 이상 유무를 체크하면 된다. 1년에 두 번 정도 태양광패널에 풀이 자라서 가리지 않게 깎아주면 되고 나머지는 전기안전관리자가 주기적으로 점검을 해준다.

둘째, 수입관리가 쉽다. 임대소득은 세입자가 월세나 임대료를 미납하면 문자를 보내거나 전화를 걸어야 하는 번거로움이 있다. 하지만 태양광발전소는 한 달에 한 번 한국전력에서 발전량과 판매가격을 메일로 보내준다. 내가 세금계산서만 발행해주면 정확한 날짜에 입금이 된다.

셋째, 신재생에너지 사업은 환경오염 없이 전기를 생산하여 국가와 지구를 위해 좋은 일을 하고 있어 보람이 있다.

어떤 투자를 하든 나에게 맞는 투자를 하면 된다. 남들이 주식으로 돈을 번다고 하면 주식 투자를 하고, 남들이 부동산으로 돈을 벌었다고 하면 부동산 투자를 하는 식이면 곤란하다. 투자를 할 때는 자신이 잘 아는 분야나 업종에 투자해야 한다.

종잣돈 1,000만 원을 모았다면
1억도 모을 수 있다

입사 동기 두 사람이 똑같은 월급을 받고 일을 시작했는데 먼 훗날 한 사람은 부자로 살고 또 한 사람은 빈자로 산다. 이유는 많겠지만 종잣돈을 만드는 시기에 한 푼이라도 덜 쓰고 저축한 돈을 어디에 투자했는지에 달려 있다. 그 시기에 빈자는 게으름, 나태함, 허영심, 자기합리화, 시간 낭비 등으로 돈을 모으고 투자해야 할 골든 타임을 놓친다. 반면에 부자로 사는 사람은 그 시기에 끈기와 인내력, 적극성, 자기설득 능력, 의지력을 키워서 크고 작은 재무목표를 달성해 나간다. 이로 인해 자신감이 생기고 자존감은 높아진다. 이런 역량이 부자가 되는 든든한 밑거름이 된다. 돈을 벌고 모으고 관리하는 능력은 한 사람의 전반적인 역량과 밀접한 관련이 있다.

100만 원을 모으는 사람에게 10만 원은 10%나 되는 돈이다. 이 소중한 돈을 쓸 때는 심사숙고하게 된다. 그러나 종잣돈 5,000만 원을 목표로 돈을 모으는 사람에게는 10만 원이 0.2%밖에 되지 않아서 안일하게 지출하기 쉽다. '10만 원 절약해서 언제 부자가 되느냐'고 생각하는 사람은 절대로 종잣돈을 모을 수 없다. 10만 원을 모으는 사람이 1,000만 원, 1억 원도 모을 수 있다. 여기서 포인트는 '과정'에 있다. 종잣돈을 모으는 것이 얼마나 힘들고 고생스러운지 아는 사람만이 투자도 신중히 할 수 있다. 종잣돈을 모으는 과정은 투자를 신중하게 하기 위한 일종의 훈련이다.

'어떻게 종잣돈을 모으지?'라며 한숨짓지 마라. 월소득이 200만 원인 사람이 한 달에 50만 원씩 20개월 동안 모으면 1,000만 원의 종잣돈이 마련된다. 종잣돈은 현재의 수입에서 얼마를 저축할 것인지에 따라 결정된다. 기간을 20개월에서 12개월로 단축하려면 월수입에서 83만 원을 저축하면 된다. 월급 이외에 다른 소득이 없는 사람이 종잣돈을 모으려면 돈을 아껴 쓰고 절약하는 방법밖에는 없다. 종잣돈이 모일 1년 후, 2년 후를 바라보지 말고 한 달에 얼마, 하루에 얼마를 아껴서 저축해야 하는지만 신경 써라. 그 돈은 보잘것없이 작은 돈이지만 그것을 아껴야 종잣돈을 마련할 수 있다.

이케아를 설립한 잉바르 캄프라드는 재산이 많은 부자이다. 죽을 때까지 다 못 쓸 재산을 가졌지만 지독한 구두쇠로 알려져 있다. 억만장자라고 해도 단돈 1,000원은 아껴야 하는 돈일 뿐이다. '겨우 1,000원짜리인데'라는 생각이 종잣돈을 모으지 못하게 한다. 1,000원을 아낄 줄 모르는 사람은 만 원, 10만 원도 아낄 줄 모른다. 보통 사람은 불편함보다 편안함을 추구하기 때문에 저축보다는 소비를 하기 쉽다. 그러나 종잣돈을 모으기로 결심했다면 커피 한 잔 값도 신중하게 지출해야 한다. 4,000원 하는 커피를 매일 한 잔씩 한 달 동안 마시면 10만 원이 훌쩍 넘는다. 1년이면 100만 원 이상이 지출된다. 이런 식으로 소비를 통제하면 조금씩 새어나가는 돈을 충분히 관리할 수 있다. 군것질이나 외식만 하지 않아도 종잣돈을 모으는 시기를 앞당길 수 있다. 현재의 즐거움과 편안함은 가까운 미래의 행복을 위해서 잠시 보류하자. 지갑을 열 때마다, 충동적으로 홈쇼핑이나 모바일 쇼핑을 하고 싶을 때마다 소비 욕구를 참으면 종잣돈이 빨리 만들어진다는 생각을 해야 한다. 이렇게 생각하면 서서히 소비 습관이 바뀌고 종잣돈이 모이는 만족과 즐거움은 더 커진다. 부채는 줄어들고 알토란 같은 종잣돈이 모인다. 처음부터 수입의 50%를 저축하는 것이 어렵다면 첫 달은 월소득에서 20%를 저축하고 다음 달에는 30%를 저축하는 식으로 늘려나가라. 점차 소비 습관이 달라지고 재정상태는 더욱 좋아질 것이다.

독종이 되어야 종잣돈이 모인다

나는 투자목표를 설정해놓고 20대 중반에서 30대 후반까지 15년 동안 근검절약하며 종잣돈을 모았다. 15년이란 시간은 결코 짧은 것이 아니었다. 나라고 왜 중도에 포기하고 싶은 마음이 없었겠는가. 많이 외로웠다.

돈을 모으면서 다른 사람들을 의식하고 비교할 때가 있었다. 다른 사람과의 비교에는 큰 문제가 있다. '저 사람은 가졌지만 나는 갖지 못한 것', '저 사람은 할 거 다하고 살지만 나는 참고 있는 것' 등을 생각하니 금방 괴롭고 비참해지고 불행해졌다. 돈을 모을 때는 남과 비교하기보다는 어제의 나보다 나아지고자 노력하는 나만 바라봐야 한다. 부자가 되는 것은 정신, 태도, 습관, 시간, 관계, 돈 관리에 이르기까지 모든 면에서 최고의 정성을 쏟는 것이다. 종잣돈을 모을 때는 좀 힘들고 외롭긴 해도 부자가 되기를 열망하는 사람은 반드시 겪는 통과의례라고 여겨야 한다. 허리띠를 졸라매고 노력하는 과정에서 '무슨 부귀영화를 누리겠다고 이렇게 구질구질하게 살아야 하는가'라는 회의감도 들 것이다. 하지만 종잣돈을 마련하려면 고독과 외로움을 친구로 삼아야 한다.

종잣돈을 마련하겠다며 마음을 굳게 먹고 한 푼 두 푼 모을 때 제일 도움이 안 되는 사람은 아이러니하게도 가족과 친구들이다. 그들은 이전에 내가 어떻게 살았는지를 잘 알고 있기 때문에 "갑자기 왜 그래?" 하며 변한 내 모습을 이해하려 들지 않는다. 그들에게 "짠돌이", "왕소금"이란 소리를 반드시 듣게 된다. 심지어 동고동락하는 아내도 고개를 절레절레 흔들며 "대한민국 대표 자린고비!"라고 놀려댄다. 그러나 종잣돈을 모으려면 독종이 되어야 한다. 남들과 똑같이 즐기고 똑같이 소비하면서 종잣돈을 모을 수는 없다. 외로운 시간을 참고 이겨내야 부자가 될 수 있다. 부자가 되려면 외로움이라는 대가를 지불해야 한다. 절박함이 있어야 한다.

동물 중에 늑대는 한번 공격 목표를 정하면 결코 포기하지 않는다. 사냥감을 입에 물면 이빨이 부러져도 놓지 않는다. 이런 늑대에게도 사냥의 성공률은 10%도 안 된다고 한다. 그래도 늑대는 쉬지 않고 끊임없이 먹이를 찾아나선다. 되면 좋고 안 되면 말고 식으로는 이루어지는 것이 없다. 부자가 되지 못하는 것은 여건이 나빠서가 아니라 무서운 집념이 없기 때문이다. 나중에 자산소득이 많아지고 여유가 생겼을 때 사고 싶은 것을 사고 여행 가고 싶은 곳을 놀러 다녀도 늦지 않는다. 가난해도 부자의 꿈을 꿔라. 남들이 돈 쓸 때 안 쓰고 종잣돈을 빨리 만들수록 경제독립이 빨라진다. 부자 되는 꿈을 마음에 새기고 오늘 절약하고 또 절약하라. 나는 지금 부자가 되어서 절약하던 시절을 회상하며 가족과 웃기도 하고 그동안 못 누렸던 것들을 하나씩 누리며 살고 있다.

목표 설정과
투자 공부를 병행하라

종잣돈을 모을 때는 먼저 '무엇'에 투자할 것인지를 결정해야 한다. 이 목표를 가지고 있지 않으면 종잣돈이 모였을 즈음에 자가용을 신형으로 바꾸고 싶고, 구닥다리 가전제품을 새 것으로 교체하고 싶은 마음이 생겨서 애써 모은 종잣돈을 허투루 쓰기 쉽다. 종잣돈은 오로지 투자를 해서 자산소득을 만드는데 사용해야 한다.

"종잣돈이 모이면 어디에 투자할까요?"

나에게 이런 질문을 하면 소형 아파트에 투자하라고 권하고 싶다. 1인 가구 수가 많아서 소형 아파트의 수요는 갈수록 증가하고 있다. 소형 아파트는 투자금이 적게 들고 투자금 대비 수익도 높다. 투자목표를 소형 아파트로 설정했다면 얼마만큼의 종잣돈이 필요한지 알아보자. 다음의

예) ○○동 ○○○아파트 27평, 시세 2억 원, 월세 70만 원

	내용	지출 비용	대출 및 보증금	이율	수익금
	○○○아파트 27평, 시세 2억 원, 월세 70만 원				
1	구입가	200,000,000			
2	취등록세	5,000,000			
3	중개수수료	900,000			
4	아파트 담보대출		120,000,000	2.50%	-250,000
5	월세 보증금		10,000,000		
6	현재 자금		20,000,000		
7	월세				700,000
	합계	205,900,000	150,000,000		
	실투자비		55,900,000	실수익	450,000

표를 참조해보라.

이렇게 간단한 식으로 실투자비와 실수익을 파악할 수 있다. 하지만 여기서 분석이 끝나는 것은 아니다. 우리에게는 지금 나에게는 없지만 가용할 수 있는 현금이 있기 때문이다. '가용현금'은 직장인 신용대출(마이너스통장), 보험사 약관대출(보험 납입금에 대해 일정 한도로 대출), 청약저축 대출(청약저축의 원금 대출), 현재 거주하고 있는 집의 담보대출 등이다. 이 것은 내가 필요할 때 대출받을 수 있는 상품들이다. 다시 한 번 가용현금을 포함하여 표를 작성해보기로 하자.

오른쪽 표를 보면 종잣돈의 액수가 많이 줄어든 것을 알 수 있다. 앞으로 1,290만 원만 추가로 저축하면 원하는 소형 아파트를 구매할 수 있다. 그리고 303,750원의 수익이 생길 수 있는 좋은 기회가 온 것이다. 이

예) ○○동 ○○○아파트 27평, 시세 2억 원, 월세 70만 원

	내용	지출 비용	대출 및 보증금	이율	수익금
			○○○아파트 27평, 시세 2억 원, 월세 70만 원		
1	구입가	200,000,000			
2	취등록세	5,000,000			
3	중개수수료	900,000			
4	아파트 담보대출		120,000,000	2.50%	-250,000
5	월세 보증금		10,000,000		
6	현재 자금		20,000,000		
7	월세				700,000
8	청약통장 대출		3,000,000	2.30%	-5,750
9	마이너스통장		30,000,000	4.30%	-107,500
10	보험 약관대출		10,000,000	4.0%	-33,000
	합계	205,900,000	193,000,000		
	실투자비		12,900,000	실수익	303,750

처럼 종잣돈을 모으는 목표기간을 설정하고 준비해 나간다면 몇 년 안에 첫 투자의 기회가 생길 수 있다. 목표가 달성된다면 첫 자산소득이 만들어진다. 30만 원의 작은 돈이지만 내가 일하지 않아도 내가 가진 자산이 스스로 일해서 30만 원을 번다고 생각하면 얼마나 기쁜 일인가. 그리고 근로소득과 자산소득으로 대출금을 갚아 나가면 더 많은 소득이 생길 것이다.

투자목표를 설정하고 종잣돈을 만드는 것은 중요한 과정이다. 우리는 막연하게 '종잣돈 1억 만들기', '종잣돈 10억 만들기'라는 듣기 좋은 말을 하지만 사실 종잣돈을 만드는 과정은 매우 힘들 수밖에 없다. 그리고 1억

을 만들었다고 해도 그 돈을 어떻게 관리할 것인지 공부하지 않으면 1억 원을 들고 무엇에 투자하나 기웃거리다가 잘못된 투자를 하는 우를 범할 수도 있다.

예를 든 소형 아파트의 경우에는 앞으로 다른 투자를 하지 않고 대출원 금만 갚아도 최대 70만 원까지 수익이 날 수 있는 자산을 보유하게 된다.

투자 자산을 잘 고르는 법

투자하기 전에는 반드시 분석하는 과정이 필요하다. 투자금을 마련하는데 10년이 걸렸는데 투자를 할 때 순간적으로 판단해서는 안 된다. 성급한 결정은 좋은 결과를 가져오지 않는다. 신중한 결정은 실패하지 않아서 돈을 잃지 않게 하고 수익을 몇 배로 늘어나게 한다.

나는 그동안 많은 투자상품을 구입했다. 수익이 기대되는 투자상품이라 할지라도 덥석 구입한 적은 한 번도 없다. 냉철한 판단력으로 고민 끝에 구입 결정을 내렸다. 그토록 신중하게 결정한 투자도 잘못된 경우가 있었다. 당시의 상황은 좋았으나 세월이 지나고 나서 보니 수익이 낮아지거나 투자상품의 가치가 하락되었기 때문이다.

수익형 투자자산의 비용 분석

수익형 투자 자산을 구입하기 전에 반드시 여러 가지 관점에서 분석하는 습관을 길러야 한다. 공인중개사가 말하는 수익률을 그대로 믿지 말고 투자 자산을 구입하는 데 필요한 비용은 미리 알아두자. 투자하는 시점에 여러 가지 비용을 분석하면 절대로 좋은 투자를 할 수 없다.

- 투자비용 분석: 투자 자산을 구입할 때의 비용(구입가, 취등록비용, 부동산수수료 등)
- 유지비용 분석: 투자 자산을 유지하는데 들어가는 고정비용(공동전기료, 엘리베이터 관리비용, 공동관리비, 공실 발생시 비용 등), 재산세, 종합부동산세
- 매도비용 분석: 투자 자산을 매도할 때 발생하는 비용(양도소득세, 중개수수료 등)
- 세금비용 분석: 투자 수익이 생기면 당연히 수익금에 대하여 소득세를 납부해야 한다(부가세, 종합소득세, 세무사 비용 등)

수익을 내는 투자를 하기 위한 체크리스트

투자를 할 때는 네 가지 관점에서 체크리스트를 만들고 반드시 점검해야 한다. 계속 투자를 하다보면 더 많은 체크리스트 항목이 생겨날 것이다. 그때그때 생각나는 대로 판단할 수 없으니 미리 항목을 정리해놓는 것이 바람직하다.

투자 자산 중 아파트를 구입하는 경우에는 먼저 좋은 아파트를 고르는 체크 포인트를 알아두어야 한다.

① 입지 조건: 아파트 주변의 환경을 파악한다(학교, 상권, 공원, 조망권, 교통 등)
② 인구 증가: 구입할 아파트가 있는 도시가 인구가 증가하고 있는지를 파악한다.

③ 임대료 및 수익률: 아파트의 전세가와 월세 가격을 파악하여 주변 아파트와 비교한다.

④ 동 호수 선정: 많은 사람이 선호하는 로열층을 선택하고 거실에서의 조망과 소음 정도를 파악한다.

이 중에서 도시 인구가 증가하고 있는지를 파악하는 것은 매우 중요하다. 인구가 증가하는지 그리고 젊은 인구의 비중이 높은지에 따라 아파트 가격이 상승할지 내려갈지 결정되기 때문이다. 도시 주변에 새로운 회사들이 많이 들어오고, 정부기관이 이사를 오고, 항구나 공항이 건설된다면 그곳은 인구가 증가할 수 있고 젊은 사람이 많아질 도시다. 투자를 할 때는 항상 인구의 증가를 파악해야 좋은 투자를 할 수 있다.

이 네 가지 항목을 꼼꼼히 확인했다면 이제는 언제 구매하는 것이 좋은지 알아보기로 하자.

- 인구 이동: 주변의 신규 아파트 입주 시기에 맞추어 아파트를 구입한다. 신규 아파트에 입주가 시작되면 주변 아파트의 매물이 많이 나오게 마련이다. 이때에는 아파트 가격이 일시적으로 낮아지는 현상이 벌어진다.
- 이사 비수기: 아파트 가격이 오르고 있는 지역이라면 봄가을 이사철에는 아파트 가격이 일시적으로 상승하는 경우가 많이 있다. 이사철이 끝나면 다시 원래 가격으로 내려간다. 아파트 가격이 내려가는 지역은 반대 현상이 일어난다.
- 6월 1일: 부동산 재산세 납부 기준은 6월 1일에 부동산을 보유한 사람이 납부하게

되어 있다. 만약 6월 1일 이전에 부동산의 소유권이 넘어오게 계약을 한다면 불필요한 재산세를 납부하게 된다. 잔금일자를 6월 1일 이후로 하는 것이 유리하다.

구입할 투자 자산을 찾는 중이라면 목표대상을 물색하기 이전에 투자 상품을 어떻게 분석해야 하는지를 알아야 한다. 관련 서적을 읽어보거나 먼저 투자한 사람을 찾아가서 여러 가지 조언을 듣는 것도 좋은 방법이다. 충분히 공부를 한 다음에 투자대상을 찾아도 늦지 않다.

종잣돈을 마련하는 과정에서 반드시 투자 공부를 해야 한다. 물려받은 유산이나 증여받은 돈을 들고 안절부절못하면서 투자 상품을 찾아다니는 사람들을 종종 보는데 이들 중 대부분은 좋은 투자를 하지 못한다. 참으로 안타까운 일이다. 이런 일을 겪지 않도록 열심히 공부하여 투자 안목을 키워 나가야 한다. 기회는 준비된 사람에게만 온다는 것을 명심하라.

적은 돈으로
실전 경험 쌓기

"근로소득만으로는 부자가 될 수 없어요. 공부를 하고 투자를 하세요."

사람들에게 이렇게 말하면 투자할 돈이 없다고 한다. 부동산 투자는 목돈이 필요하지만 주식 투자는 돈 만 원으로도 할 수 있다. 돈이 없어서 투자를 못 하는 것이 아니라 투자에 대해서 잘 모르기 때문에 안 하는 것이다. 초보자는 주식이든 부동산이든 반드시 스터디 과정을 거치면서 경제와 산업, 문화, 돈의 흐름 등에 대해 폭넓게 이해하고 실력을 키워야 한다.

부동산 투자를 하고 싶어하는 후배들이 스터디 모임을 만들고 나를 초대한 적이 있다. 그들은 함께 공부하며 서로의 생각을 나누면서 안목을 넓히고 있었다. 혼자 공부하면 리스크나 문제점을 놓치는 경우가 있는데 스터디 모임에서 다른 사람의 의견을 듣고 이런 문제들을 보완할 수 있어서 장점이 많다고 했다. 나는 그들에게 이런 과정을 거쳐야 손실을 피할 수 있고 다양한 경험을 쌓는 것이 무엇보다 중요하다고 알려주었다.

내가 아는 직장인은 주식에 투자하기 위해 오랜 시간을 공부했다. 여유자금 100만 원을 들고 주식 투자를 시작하겠다고 해서 좋은 생각이라고 말해 주었다. 적은 돈이라도 자신의 돈을 직접 투자해서 배우는 것이 가장 빠르게 배우는 방법이기 때문이다. 투자금이 적으면 시장을 객관적으로 바라보고 이성적인 판단을 할 수 있다. 만약 투자를 해서 손실을 보더라도 무엇을 해야 하고 무엇을 하면 안 되는지에 대한 생생한 경험을 쌓을 수 있다. 시행착오를 겪어봐야 실력이 향상된다. 나는 그에게 수익보다는 경험을 얻는 쪽에 무게중심을 두라고 강조했다. 그는 실전을 통해서 자기만의 노하우를 쌓아갈 것이다.

만약 그가 주식에 투자해서 100만 원을 잃고 또 100만 원을 투자해서 그 돈을 다 잃었다고 해도 그 과정이 손해로만 끝나는 것은 아니다. 왜냐하면 이 과정을 겪지 않고 목돈을 투자해 잘못되면 더 큰돈을 잃을 수도 있기 때문이다. 100만 원을 잃어본 경험 덕분에 더 큰 손실을 피할 수 있는 셈이다. 주식시장에서 감을 익히고 대응력을 기르려면 적은 돈으로 시작해서 실전 경험을 최대한 많이 쌓는 것밖에 답이 없다.

실패에서 교훈을 얻었다면 잃은 것이 아니다

장사를 접는 사람에게 왜 망했냐고 물어보면 '경기가 안 좋아서'라고 한다. 그런데 다시 재기할 가능성이 높은 사람은 '자리가 안 좋았다, 아이템이 안 좋았다, 손님 관리가 안 되었다, 직원 교육에 실패했다' 등 자신이 잘못한 이유를 정확하게 인정한다. 그래서 다음에 똑같은 실수를 반복하지 않는다.

주식이나 부동산에 투자해 손해가 났는가? 그래서 마음이 괴로운가? 실패는 가슴 아픈 것이다. 피눈물이 날 만큼 고통스러운 것이다. 절망스러운 것이 실패다. 그러나 실패는 실패일 뿐이다. 실패한 경험은 시행착오로만 끝나지 않는다.

《1승 9패 유니클로처럼》에는 창업자 야나이 다다시가 최고의 기업을 일구기까지 겪었던 수많은 실패와 시행착오가 나온다. 그는 실패하여 상실감과 좌절에 빠져 있는 사람들에게 이렇게 말한다. "실패한다고 해서 회사가 망하고 인생이 끝나는 것은 아니다. 실패할 거라면 빨리 실패를 경험하는 편이 낫다. 비즈니스나 인생은 이론이나 계획대로 되는 것이 아니다. 빨리 실패하고, 빨리 깨닫고, 빨리 수습하는 것이 성공의 비결이다."

부자가 되는 방법은 일찍 실패를 경험하는 것이다. 돌이켜보면 실패는 하나하나가 어마어마한 수업이고 자산이다. 실패에서 교훈을 얻지 못했다면 나는 지금 부자가 되지 못했을 것이다. 어느 부자에게 이런 말을 들은 적이 있다. "실패에서 교훈을 얻었다면 다 잃은 것은 아니다." 정말로 부자가 되는 비결은 실패를 배움의 과정이라고 여기는 것이다. 실패는 성공으로 안내하는 이정표다.

매달 수익이 나오는
자산에 투자하라

명절이나 집들이에 가면 고스톱이나 카드놀이를 하는 경우가 있다. 나는 그것을 잘하지 못한다. 도박이나 투기는 하지 않는다. 주식 투자를 하는 사람들 중에는 소중한 돈을 주식에 투자하면서 기업분석을 하지 않고 회사의 내재적 가치를 무시하며 남들에게 좋은 종목을 찍어 달라고 부탁하는 경우가 종종 있다. 남의 말만 듣고 '묻지 마' 투자를 하는 것은 투자가 아니라 투기이고 도박이다. 이런 마인드로 주식 투자를 하면 한두 번은 요행으로 돈을 벌 수도 있겠지만 꾸준히 수익을 내기는 어렵다. 적어도 주식 투자를 하려면 장기적으로 자신이 동업하고 싶은 우량한 기업이나 재무구조나 현금 흐름, 실적, 경영자의 자질이 좋고 성장의 과실을 투자자에게 잘 나눠주는 기업을 찾아서 투자하는 것이 답이다.

주식 투자는 해당 기업의 주인이 되는 것이다. 그러나 단타 매매는 주인의식이 전혀 없는 거래를 하는 것이나 다름없다. 투자할 기업에 대해 잘 모르면서 주가 흐름만 보고 투자를 하는 행위는 카지노나 경마장에서 하는 도박처럼 투기를 하는 것이다. 워런 버핏은 말했다. "주식을 살 기회가 평생 20번밖에 없다고 생각하라. 그것이 좋은 수익률의 비법이다."

한 번의 기회를 이용해 수익을 만들겠다는 탐욕으로 투자를 하면 한 번의 잘못된 판단으로 큰 손해를 볼 수도 있다. 내가 가진 돈의 일부만으로 이러한 일회성 투자를 한다면 반대하고 싶지는 않다. 짧은 시간에 고소득을 얻을 수도 있기 때문이다. 하지만 나는 이러한 일회성 투자를 좋아하지 않는다. 나는 내 자산이 줄어드는 것이 제일 싫다. 나는 자산이 적게라도 상승하는 것을 원하기 때문에 낮은 수익률이라도 안전한 자산을 찾고자 노력한다. 그렇다면 어떠한 투자가 안전한 투자인가?

부동산에 투자하는 사람들 중에는 매우 위험한 투자를 하는 사람들이 있다. 이들은 적은 종잣돈으로 전세가 들어있는 아파트를 구입하거나, 아파트를 구입하고 잔금을 납부하기 전에 전세를 놓고 그 돈으로 잔금을 납부하는 방식으로 자산을 늘려나간다(갭투자). 이들은 특히 매매가 대비 전세금이 높은 아파트를 선호한다. 요즘과 같이 전세금이 높고 전세를 구하는 사람들이 많은 시기에는 많은 돈을 들이지 않고도 고가의 아파트를 구입할 수 있기 때문이다. 그리고 이들은 이러한 집을 여러 채 가지고 있다. 아파트 가격이 상승하는 시기에는 이렇게 투자하여 수익을 본 사람들이 많이 있었다. 나는 이러한 투자방법을 가장 안 좋은 투자라고 생각한다. 이들 역시 일회성 투자를 통해 시세 차익을 보는 것만을 기대하는 것이다. 아파트 가격이 올라서 많은 시세 차익을 보았다면 이런 투자를 더더욱 포기하지 않는다.

단타 위주의 주식 투자와 전세를 낀 아파트 투자는 일회성 투자다. 종 잣돈을 투자해서 그 투자가 끝이 나야 비로소 수익이 생기는 투자 형태이기 때문이다. 이런 투자는 한 번 투자해서 한 번의 수익을 얻을 뿐이다. 소중한 종잣돈을 투자하고 시세 차익을 노리는 것이 나쁘다는 게 아니다. 다만 주식이나 아파트 가격이 오르는 것은 마치 게임과 같은 투자방법이기 때문에 위험하고, 국내뿐만 아니라 세계경제 상황에 많은 영향을 받기 때문에 예측하기 어려운 리스크가 있는 투자라는 점을 환기시키는 것이다.

나는 매달 수익이 나오는 수익형 자산에 투자하라고 권하고 싶다. 미래를 예측하기 어려운 자산에 도박하듯 배팅하지 말고 안정적인 수익형 자산에 투자하라는 말이다. 아파트에 투자하더라도 매달 월세를 받을 수 있는 수익형 자산으로 만들어야 한다. 아파트에 투자하는 것은 같으나 월세를 주느냐, 전세를 주느냐에 따라서 투자 패턴이 달라진다. 월세를 주는 경우 아파트 가격 상승에 대한 기대와 고정수익까지도 얻을 수 있다. 혹시 투자한 아파트의 가격이 하락하더라도 그동안 받은 월세를 감안하면 투자 손실이 적거나, 아예 투자 손실이 나지 않을 수도 있다. 나는 이렇게 월세 수익률이 높은 투자를 선호한다. 그리고 집값이 오르면 일종의 보너스로 생각한다. 아무리 집값이 올랐다고 해도 그 집을 매도하기 전에는 이익이 발생되지 않기 때문이다.

내 휴대폰으로 입금 문자가 한 달에 150여 개 들어온다. 나는 이 문자가 오는 소리를 좋아한다. 하루 평균 5개의 문자가 오는 셈이다. 나는 수익형 자산에서 매달 나오는 고정수입이 수천만 원 정도 된다. 앞으로 소득은 더욱더 늘어날 것이다.

나는 아파트를 더 이상 구매하지 않는다. 지금은 그동안 구매한 많은 아파트에서 받은 월세로 종잣돈을 모아 원룸 건물, 오피스텔, 태양광발전소 등을 구매하고 있다. 구입가는 높지만 수익률이 높다. 그리고 앞으로 더 많은 종잣돈이 모이면 구입가가 더 비싸고 높은 수익형 자산으로 옮겨갈 것이다. 구매하는 순간 나에게 수익을 주는 자산을 구매하라. 구매하고 나서 수익이 나오지 않는 자산은 자산이 아니고 부채이다.

자산의 종류별 수익률

수익형 자산을 기준으로 수익률 순위를 매겨보면 다음과 같다.

	수익형 자산	수익률	상승기대	유지관리
1위	원룸 및 오피스텔 건물	7~8%	보통	많음
2위	오피스텔	6~7%	보통	보통
3위	상가	5~6%	보통	없음
4위	연립주택(빌라)	4~5%	낮음	많음
5위	소형 아파트	3.5~4.5%	높음	많음

원룸 및 오피스텔 건물

원룸 및 오피스텔 건물은 건축상 구분만 있을 뿐 실제로는 거주형이다. 세입자도 본인이 사는 집이 원룸인지 오피스텔인지 인지하지 못한다. 심지어 공인중개사도 내가 말해주지 않으면 모르는 경우가 대부분이다. 내가 소유한 건물 중 하나는 2~3층 24호는 오피스텔이고, 4~5층 24호는 원룸으로 되어 있다. 세입자도 나도 내부의 차이를 알 수 없고 서류(건축물대장)상으로만 다르게 표기되어 있을 뿐이다.

원룸 및 오피스텔 건물의 수익률은 7~8% 정도로 매우 높다. 단점은 상가와 다르게 세입자 관리가 필요하다는 것이다. 세입자가 사는 집에 문제가 생기면 고쳐줘야 하는 번거로움이 있고, 만기가 끝나면 공인중개사에게 또다시 중개수수료를 주고 다른 세입자와 계약해야 한다. 물론 청소와 도배도 새로 해주어야 한다.

오피스텔

대형 규모의 오피스텔을 각각 분양한다. 실제 수익은 6~7% 정도이다. 상가와 수익률은 비슷하나 원룸처럼 수리와 세입자 관리가 필요하다. 세입자가 나가고 공실이 유지되면 오피스텔 관리비를 본인이 부담해야 하는 리스크가 있다.

지방 도시의 오피스텔은 수익이 유지되고 있지만 시세는 낮아지고 있다. 이렇게 지방의 오피스텔이 인기를 얻지 못하는 이유는 원룸에 비해 세입자가 부담하는 비용이 많기 때문이다. 원룸은 월세에 공동청소비,

상수도비, 공동전기, 인터넷, 방송료, 주차비 등이 포함되지만 오피스텔의 경우에는 이러한 비용을 관리비라고 하여 본인이 부담해야 한다. 그러니 세입자의 부담이 커서 원룸에 비해 경쟁력이 다소 떨어질 수밖에 없다.

상가

건물주의 갑질은 주로 상가 주인이 많이 한다. 상가는 수익률이 5~6%가 일반적이며 세입자가 모든 기반시설과 인테리어 공사를 하기 때문에 주인이 따로 수리를 해주거나 관리할 필요가 전혀 없다. 주인은 매달 세금계산서만 발행해주면 된다. 그리고 세입자의 경우 권리금을 받아야 하기 때문에 다음 세입자를 넣어놓고 가는 경우가 대부분이다. 상가 주인은 세입자가 변경되면 다시 계약만 하면 된다. 그야말로 건물주인 셈이다.

상가의 건물주는 사업자 등록을 반드시 해야 하므로 소득이 정확히 잡히고, 임대소득과 근로소득을 합산하여 종합소득 과세를 하기 때문에 세금이 다소 많다.

연립주택(빌라)

연립주택(빌라)는 아파트보다 수익률은 높지만 시세 차익을 기대하기 어렵다. 재개발 호재나 전철역이 들어오기 전에는 가치가 계속 하락한다. 아파트에 비해 노후화가 빨리 진행되고, 관리 주체가 별도로 없기 때문에 공동시설의 유지관리를 하기가 매우 불편하다. 그래서 나는 이 자산을 추천하지 않는다.

소형 아파트

수익은 가장 낮을 수 있지만 초보 투자자들에게 추천하는 대상이다. 초보 투자자에게 좋은 이유는 동일 형태의 물건이 많기 때문에 시세 파악이 쉽고, 관리 주체가 있어 수리하거나 관리하는데 도움이 된다. 그리고 연립주택 세입자에 비해 연체율이 낮다는 것이 장점이라고 할 수 있다. 아파트는 수익형 자산 중에 환금성이 가장 좋은 물건이다. 즉 물건을 팔아서 현금화하기 가장 쉽다는 것이다.

임대소득
만들기

집 없는 설움을 겪어 본 사람이 많을 것이다. 예전에는 내 집을 마련한 사람은 자부심이 있고 서민에서 중산층으로 계층 이동을 했다는 뿌듯함이 있었다. 1990년대에는 아파트가 많지 않았고 결혼해서 아파트에 신혼집을 꾸리는 것은 부모님의 재력이 뒷받침되지 않고서는 불가능한 일이었다. 결혼한 직장 선배들은 연립주택에서 월세나 전세로 살다가 몇 년 후에 신규 아파트를 분양받아 입주하는 것이 순서였다. 그들은 더 넓은 아파트로 이사하기 위해 열심히 일을 하고 저축을 했다. 높은 직급에 올라 있을 때는 40~50평대의 아파트가 유일한 자산이었다. 1990년대에는 금리가 높아 적금만으로도 많은 수익이 나오는 시기였고, 아파트 가격 역시 계속 상승했다. 하지만 자산 포트폴리오에 신경 쓰지 않고 30

여 년 동안 재테크를 한 결과는 평수 넓은 아파트 한 채와 아직 갚지 못한 은행 부채뿐이다.

우리가 살아가려면 반드시 거주 공간이 필요하다. 그리고 전세나 월세가 아닌 본인 소유의 집이 있어야 불필요한 이사비용을 줄이고 안정적인 생활을 할 수 있다. 여러분은 지금 '전세를 구할까, 아니면 집을 사는 게 나을까?' 하면서 고민하고 있는지도 모르겠다. 집을 살 때는 반드시 거래비용, 기회비용, 금융비용까지 망라하여 그만한 돈을 지불할 가치가 있는지 점검해야 한다. 시중금리가 낮다고 주택담보대출을 받아 집을 사면 대출원금과 이자를 수입에서 매달 꼬박꼬박 내느라 허덕인다. 주거 비용만 놓고 보면 가격의 일부만 내고도 온전히 집을 사용하는 전세가 경제적이다. 그러나 수도권 아파트는 전세가 매매가의 70~80%를 넘어섰으니 이제 전세도 저비용 주거 방법은 아니고, 그나마 전세도 최근 부동산 정책(임대3법)으로 인해 씨가 말라가고 있다. 월세도 생각해 볼 수 있으나 보증금을 걸고 나머지를 월세로 할 때 매달 부담해야 할 돈과 은행에서 담보대출을 받아 집을 샀을 때의 이자를 비교해보고 어느 것이 유리한지 따져보아야 한다. 주거비 부담 면에서는 집을 사는 편이 훨씬 비용이 적다. 게다가 월세 비중이 커지고 있어서 내 집이 없으면 계속 월세로 살 가능성이 높다. 월세 부담이 큰 상태라면 원금을 갚을 수 있는 범위에서 대출을 받아 집을 마련하는 것이 바람직하다. 요즘은 빚을 내지 않고 내 집을 마련할 수 없다. '집을 사면 집값이 오를까?'를 질문하기 전에 '부채를 잘 관리할 수 있을까?'라고 스스로 질문하는 것이 더 중요하다.

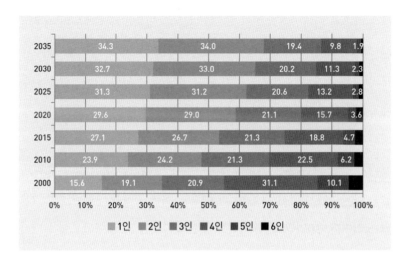

2035	34.3	34.0	19.4	9.8	1.9
2030	32.7	33.0	20.2	11.3	2.3
2025	31.3	31.2	20.6	13.2	2.8
2020	29.6	29.0	21.1	15.7	3.6
2015	27.1	26.7	21.3	18.8	4.7
2010	23.9	24.2	21.3	22.5	6.2
2000	15.6	19.1	20.9	31.1	10.1

0% 10% 20% 30% 40% 50% 60% 70% 80% 90% 100%

■1인 ■2인 ■3인 ■4인 ■5인 ■6인

이제는 큰집을 필요로 하는 사람이 줄어들고 있다. 수요자들은 더 이상 여러 명이 사는 집을 원하지 않는다. 세대원 수는 급격히 감소하고 혼자 사는 세대가 늘어나고 있는 현실이다.

위의 표를 보면 2000년만 해도 4인 세대가 1위(31.1%)를 차지했지만 불과 10년 만에 2인 세대가 1위(24.2%)이고 1인 세대가 2위(23.9%)를 차지하고 있다. 1인 세대의 수는 급속도로 증가할 것으로 예상하고 있다. 2035년에는 1인, 2인 세대가 68.3%나 차지한다니 참으로 심각한 상황이다. 2035년에 40~50평대 아파트에 거주할 수 있는 사람들은 11.7%에 불과할 것이다. 이 표만 보더라도 앞으로 우리가 투자해야 할 아파트의 평수를 짐작할 수 있다.

내가 사는 집은 작을수록 좋다. 왜 내가 사는 집이 작을수록 좋은 것일까? 그 이유는 간단하다. 처음 장만한 내 소유 집에서 얼마나 오래 사느냐에 따라서 얼마만큼의 자산소득을 만들 수 있는지가 결정되기 때문이다. 처음 소유한 집에서 새로운 집으로 평수를 늘려나가지 말고 작은 규모의 집을 추가로 구입하는 것이 좋다. 그곳에서 임대소득을 만들어 경제독립의 시기를 앞당겨야 한다. 투자금을 묵혀 놓을지 계속 일하게 할지를 신중하게 판단하기 바란다.

내가 잘한 일은 젊은 시절에 아파트 평수 늘리기를 하지 않고 낡고 비좁은 아파트에 살면서 넓은 새 아파트 두 채는 월세를 주어 자산소득을 만든 것이다. 10년간 24평 아파트에 살고, 7년간 28평 아파트에 살면서 많은 자산을 만들었다. 새 아파트와 넓은 평수의 아파트를 싫어하는 사람은 없다. 하지만 돈이 일하게 만드는 것이 우선이었다. 그 결과 4년 전에 아내 명의로 180평 단독주택을 선물했다. 우리 가족은 그곳에서 행복하게 살고 있다.

투자 순서만 알아도 부자 되는 시점이 5년 단축된다

한국 사회에서는 부동산이 최고의 재테크 수단이라고 여긴다. 초등학생마저 장래희망이 임대업자이고, 고등학생은 건물주가 꿈이란다. '조물주 위에 건물주'라는 말도 심심치 않게 들을 수 있다. 우리 주변에는 수익형 부동산이나 갭투자로 재테크를 하고, 전월세를 놓아 임대수입으로 사는 사람들이 많다. 온 국민이 건물주를 부러워하면서도 왜 건물주가 되지 못할까?

건물주는 부모 찬스 즉 유산이 없이는 될 수 없다. 처음부터 종잣돈을 모아서 건물을 사는 사람은 단언컨대 한 명도 없을 것이다. 건물주가 되는 것도 다 순서가 있는 법이다. 이 순서를 알면 건물주가 되는 시점을 최소 5년은 단축할 수 있다.

1. 소형 아파트 투자

대부분의 사회초년생은 전세나 월세로 시작한다. 내 집 마련의 희망을 가지고 악착같이 종잣돈을 모아서 소형 아파트를 장만한다. 물론 오랜 시간이 걸린다. 결혼해서 자녀가 생기고 아파트의 방이 부족하면 서서히 아파트 평수를 늘려 이사를 계획한다. 이것은 낡은 생각이며 잘못된 방법이다. 이 시기는 반대로 수익형 투자를 할 수 있는 중요한 시점이다.

2. 투자용 아파트 또는 오피스텔 투자

여유로운 삶에 만족하지 않고 우리는 알뜰살뜰 종잣돈을 다시 모아 투자용 아파트나 오피스텔을 구입한다. 요즘은 정부의 규제가 강화되어 아파트 두 채를 보유하는 것은 어려울 수도 있다. 하지만 언제까지 정책 방향이 그렇게 나갈지는 모른다. 정치 얘기는 생략하겠다. 이제는 거주하는 집도 있고 투자해서 구입한 아파트에서 많지는 않지만 60~80만 원의 월세를 받고 있다. 월급 이외의 수입이 생긴 것이다. 더욱 허리띠를 졸라매고 목돈 마련에 매진한다.

3. 원룸 건물 투자

아파트 두 채의 부채(대출)을 상환했다. 너무 힘든 나날이었다. 그리고 다시 시간은 흐른다. 두 채의 아파트를 처분할 생각으로 주변에 원룸 건물을 알아본다. 특히 위층에 주인세대가 있는 것으로 알아보고 있다. 두 채의 아파트를 처분하면 살 곳이 없기 때문이다.

대출을 받는다 해도 자금이 여의치 않다. 부동산중개사에게 매수할 건물에 있는 원룸 3개만 전세로 전환해달라고 요구한다. 매도인은 흔쾌히 제안을 받아들인다. 이제는 꿈에 그리던 건물주가 되는 것이다. 이제 원룸 건물을 소유하고 매달 250~300만 원 정도의 고정수입이 들어온다. 건물주가 되면 돈 모이는 속도가 급속도로 빨라진다. 대출금을 빠른 속도로 갚고 이제는 전세 물건도 월세로 모두 전환한다. 이제 350~450만 원이 매달 들어오니 노후준비는 끝났다고 생각한다.

하지만 너무 일찍 샴페인을 터트릴 수는 없다. 이번에는 주인세대가 없는 원룸 건물을 알아본다. 그 건물은 지금 원룸 건물보다 수익이 더 높을 것이다. 현재의 건물과 매수할 건물을 담보로 대출을 받는다. 부족한 금액은 두 건물의 월세를 전세로 전환하면 쉽게 확보할 수 있다. 이제 식은 죽 먹기인 듯하다. 두 건물에서 나오는 수입이 600~700만 원이다. 오랜 시간을 거쳐 '전세 바꾸기'를 한다. 그러면 자산소득은 매달 1,000~1,200만 원이 된다.

4. 오피스텔 건물 투자

이제는 엘리베이터가 설치되었고 지하주차장이 있는 오피스텔 건물이 눈에 들어온다. 오피스텔도 50호나 되어 하나로 관리하면 좋겠다는 생각이 든다. 심사숙고한다. 지금 원룸 두 채를 팔고 월세를 전세로 바꾼다면 불가능한 일은 아니다. 조금 무리를 해서라도 추진하고 싶어진다. 원룸 한 채는 매각하고 한 채는 월세를 전세로 전환한다. 그리고 매수할 건물 또한 예전과 같이 전세로 전환하여 꿈에 그리던 5층짜리 50호 오피스텔 건물주가 된다. 전세를 모두 월세로 전환하면 매달 2,500~3,000만 원의 소득이 들어온다. 진정한 건물주가 된 것이다.

간단히 4가지 시스템으로 설명했지만 이렇게 되기까지는 상당히 오랜 시간이 걸린다. 여러분은 '죽기 전에 가능할까'라는 의구심이 들 것이다. 하지만 나는 20년 만에 이보다 몇 배 많은 수익형 자산을 일구었다. 물론 다시 과거로 돌아가고 싶지 않을 만큼의 고통을 겪었고 인내가 필요했다. 가끔 아내와 힘들게 절약하던 시절 얘기를 나누면 나는 손사래를 치며 "다시 젊어진다 해도 그 시절로 돌아가고 싶지 않다"고 말한다. 그러나 지금 아내와 마시는 맥주 맛보다 고통스러웠던 그 시절에 아내와 마셨던 맥주가 몇천 배 더 맛있었다.

신규 분양 아파트와 상가를 멀리하라

신규 분양 아파트의 기회비용 낭비

신규 분양 아파트는 무주택자들이 첫 번째 집을 마련하기에 좋은 시스템을 가지고 있다. 전세나 월세 세입자들이 내 집을 마련하기 좋게 특화되어 있는 셈이다. 신규 분양 아파트는 당첨되어 계약금만 납부하면 중도금은 대부분 무이자로 건설사에서 대납하는 경우가 많다. 계약 후 2년 6개월가량은 잔금 마련을 계획하는 충분한 시간을 가지는데 도움을 준다.

대부분의 사람들은 처음 집을 장만하거나 집이 있더라도 일생일대의 큰돈을 모으고 운영해본 경험이 적다. 계약하고, 중도금을 대출하고, 중도금 대출을 장기대출로 전환하고, 등기를 하고, 잔금을 치르는 과정들이 생소하고 두렵다. 하지만 신규 분양 아파트는 단체로 여러 사람들이 동시에 이러한 어려운 절차를 진행하고, 건설사에서 편리한 서비스를 제공하며, 아파트 입주 커뮤니티에서 같은 처지의 분양주끼리 정보를 공유하기에 두려움 없이 일생일대의 최대 쇼핑을 무사히 마칠 수 있다.

그러나 수익형 부동산에 투자하기 위해 준비하는 사람은 달라야 한다. 이미 살고 있는 집이 있고 이제는 두 번째 집을 구입해 수익형 자산을 만들려고 하므로 이미 매매에 대한 기본적인 정보가 있다. 계약을 하기 전에 발품을 팔아 대출을 알아보고 잔금을 치를 때 취득세가 얼마 정도인지 사전에 알아본다. 그리고 추가 수익형 자산을 구매하는 것이다.

초기에 수익형 투자에서 신규 분양 아파트는 적합하지 않다. 수익형 투자를 결심하고 너무 오랜 기간을 기다려야 열매(수익)이 생기기 때문이다. 2년 6개월이라는 시간은 결코 짧지 않다. 수익형 투자자에게는 시간이 돈이다. 2년 6개월간 기다려야 한다면 그간 받지 못한 수익금은 어마어마할 것이다. 열심히 종잣돈을 마련하여 투자를 시작할 때는 신규 분양 아파트보다는 투자하는 순간 수익이 나올 수 있는 일반 아파트 투자를 추천한다.

초기 3년간 월세 가격 하락

신규 분양 아파트에 입주가 시작된다. 이사를 오는 실입주자들은 주변의 아파트에 거주하던 주민들이다. 이런 사람들이 신규 아파트의 30~40% 정도 된다. 그러면 나머지 60~70% 사람들은 이사를 언제 할까? 그들은 입주할 생각이 애초에 없었다. 그들은 투자자이기 때문이다. 수익형 투자자도 있고 차익형 투자자도 있는데 대부분은 차익형 투자자들이다.

평택과 같은 소규모 도시는 아파트가 2,000세대만 입주 물량이 생기면 6개월가량 주변 아파트의 시세가 흔들린다. 그리고 이런 시기의 신규 아파트의 전세와 월세 물량이 쏟아져서 몇 개월간 세입자를 못 찾아 월세와 전세를 못 맞추는 경우가 허다하다. 그래서 주변 시세보다 낮은 가격으로 전세와 월세 세입자를 맞추는 경우가 대부분이다. 이러한 현상은 3년간 지속된다. 수익형 자산에 투자해 낮은 수익률로 3년간 기다려야 한다면 이 또한 손해가 아닐 수 없다

인구가 이동하면 상가 임대료가 하락한다

상가 투자의 첫 번째 키워드는 유동인구이다. 상가 소유자든 상가를 얻으려는 세입자든 모두 유동인구가 많은 곳을 원한다. 유동인구가 많

은 곳은 어떤 업종이든 문제없이 세가 잘 나가기 때문이다. 그리고 세입자가 장사가 잘되면 임대료 인상의 보너스도 얻을 수 있다.

유동인구라는 것은 사람이 움직이는 것이다. 정적인 것이 아니고 동적인 것이다. 그러기에 동적인 요소는 변화할 수 있다. 유동인구가 많은 곳은 젊은이들이 주로 데이트 장소로 찾는 곳이거나 지하철역 또는 대형 터미널 앞이다. 젊은이들은 쇼핑, 식사, 유흥을 동시에 즐길 수 있는 곳을 선호한다. 좋은 상권은 신도시가 생기거나 지구단위 상업지역으로 이동이 쉽다.

나는 장기투자를 좋아한다. 한번 만든 자산은 오래도록 안전한 수익을 안겨주길 원한다. 하지만 도심의 상권은 이동한다. 빠른 속도는 아니지만 서서히 이동하고 있다. 나는 이런 추이를 파악하며 가슴 졸이면서 투자하고 싶지는 않다.

임대료가 낮아지면 상가의 가치도 하락한다

아파트는 자가보유자가 많다. 즉 아파트를 구입하고 본인이 살고 있는 경우가 많다. 하지만 상가는 그렇지 않다. 상당수가 세입자이다. 상가 주인 따로 세입자 따로가 대부분이다. 내가 투자한 상가에 세입자가 나가고 공실이 생겼다고 해보자. 공실 기간 동안 관리비는 주인 부담이다. 그리고 상가를 사기 위해 받은 대출금도 주인이 고스란히 납부해야 한다. 이런 기간이 수개월 지속되면 당연히 임대료를 낮추어서라도 세입자에게 임대하고 싶어질 것이다.

임대료를 주변 시세보다 낮추어 계약을 한다. 불행 중 다행이다. 내 상가의 옆 상가 세입자가 주인에게 임대료 인하를 요구한다. 옆 상가 세입자는 임대료가 낮아졌는데 본인도 낮춰달라고 요구하는 것이다. 옆 상가 주인은 사실을 확인한 후 다음에 계약 연장을 할 때 낮춰주기로 합의한다. 이렇게 주변의 상가 임대료는 나로 인해 나비효과를 일으켜 낮아진다.

상가는 지극히 냉정한 상품이다. 상권이 임대료에 정확히 반응한다. 아파트처럼 시세는 높은데 전세가율이 낮거나 월세가 낮게 책정되지 않는다. 상가는 상권이 좋아지면 임대료가 서서히 상승하고 악화되면 서서히 낮아진다.

만약 6억 원에 구입한 상가가 월 임대료로 300만 원을 받고 있다고 가정해보자. 2년 후 앞에서 말한 경우와 똑같은 일이 벌어져 임대료를 200만 원으로 낮추었다고 하면 내가 구입한 상가는 6억 원일까? 이제 이 상가의 시세는 4억 원에 불과한 것이다. 아파트는 전세나 월세가 낮다고 해서 시세가 낮아지는 것은 아니다. 그리고 전세가율과 월세가율은 아파트마다 모두 다른 것이 보편화되어 있다. 하지만 상가는 그렇지 않다. 임대료가 인하되면 당연히 건물가도 낮아진다. 반대로 임대료가 상승하면 상가의 가치도 상승한다. 상가는 오로지 수익률로 투자하기 때문이다. 우리가 상가를 살 때 제일 먼저 무엇을 보는가? 수익률이다. 아파트에 투자하듯 상가에 투자하면 큰 손실을 볼 수도 있다.

수익형 부동산에 투자할 때 반드시 알아야 할 것들

부동산 하락기는 부동산 세일 시즌이다

미국은 블랙프라이데이라고 해서 11월 넷째 주 목요일 추수감사절 다음 날부터 연중 최대의 세일이 진행된다. 이때 우리나라도 해외 직구로 들썩인다. 부동산은 블랙프라이데이가 없는 것일까? 있으면 너도나도 부동산을 사들이느라 정신이 없을 것이다.

최근에 30대가 신용대출을 비롯해 영끌(영혼까지 끌어모음)해 내 집 마련에 나선다는 뉴스를 접했을 것이다. 집값을 잡겠다는 정부를 믿고 기다렸는데 대책이 발표될 때마다 오히려 집값은 무섭게 오른다. 게다가 청약 당첨 가능성은 희박하고, 정부가 내놓은 전월세상한제, 계약갱신요구

권으로 전세 물량은 씨가 말랐다. 그러니 자칫하면 월세 생활을 할지도 모른다는 불안감 때문에 모든 수단을 동원해 아파트를 구입한다는 것이다. 나는 뉴스를 보고 내심 걱정이 되었다. 30대 매수자들은 무섭게 오르는 집값이 두려워 집을 구입했다고 하는데 과연 집값이 더 오를까? 40대가 집을 사고 집값이 오르자 이제는 30대가 그 집을 사서 집값이 또 오른다. 그럼 그다음은 20대가 사서 집값을 올려줄까? 서울의 아파트 가격은 너무 빠른 속도로 올라가고 있다. 30대가 영끌해 마련한 집값이 더 오를 것인지 의문이 든다.

부동산 세일 기간을 준비해야 한다. 2021년 6월 이전에 진짜 급매물이 나올 찬스가 있을 것이다. 나의 경우처럼 법인이 소유한 주택(아파트, 원룸, 주거용 오피스텔)을 2021년 6월 이전에 매도하지 않으면 종부세 폭탄을 받기 때문이다. 개인들도 일부는 이 기간 이전에 매도를 할 것이다. 아직은 시간적 여유가 있어서 싸게 매도하지는 않는 것으로 보인다.

나처럼 수익형 자산에 투자하는 사람이 부동산 시장을 예측하는 것은 적절하지 않다. 다만 내가 좋아하는 수익형 부동산의 세일 기간을 예측하고 있다. 강남의 아파트값 상승은 나와는 아무런 상관이 없다. 부동산 하락기에 급속도로 가격이 곤두박질치지 않기를 대한민국 국민으로서 바랄 뿐이다.

좋은 물건은 진열대에 내놓고 팔지 않는다

공인중개사무소의 안내판에는 '급매', '급급매' 문구가 많이 붙어 있다. 심지어 모든 매물이 급매인 곳도 있다. 나는 이런 안내판을 보면 웃으면서 이렇게 말한다. "아직 덜 급한가 보네." 가격은 급매가 아닌데 문구만 급매이기 때문이다.

실제 급매물은 안내판에 올리지 않는다. 그럼 어디에서 알 수 있을까? 진짜 급매물은 전화로 안내한다. 어떤 사정이든 급하게 건물을 매도하는 경우에 매도자는 공인중개사에게 시세보다 낮게 팔아달라고 부탁한다. 하지만 건물은 쉽게 거래되지 않는다. 공인중개사는 이 약점을 공략한다. 매도인의 판매 희망가에서 가격을 더 낮추어 제안한다. 매도인은 다급한 정도에 따라 받아들일 수도 있고 거절할 수도 있지만 공인중개사는 밑밥을 던지고 본다. 만약 추가인하가 된다면 공인중개사는 계약을 성사시킬 가능성이 높아진다. 매도인이 다급해서 이 제안을 받아들이면 공인중개사는 그 사정을 감안해서 다른 공인중개사들에게 알려 빨리 매도할 수 있도록 도와줄까? 현실은 그렇지 않다.

이 공인중개사는 급매로 나온 건물을 살 여력이 되는 지인들의 연락처로 일일이 전화를 걸기 시작한다. 다른 공인중개사가 알지 못하게 입단속을 시켜가며 하루종일 통화를 한다. 더이상 전화를 걸 곳이 없다면 그제야 다른 공인중개사들에게 매물을 돌린다. 이때는 매도인과 약속한 가격보다 조금 높게 가격을 제시한다. 이것이 급매다. 과연 공인중개사가 여러분에게 전화를 걸어줄까? 여러분이 산 급매 건물은 진짜로 급매로 나온 것일까?

만약 운 좋게 여러분에게 급매를 알려주는 전화가 왔다고 하자. 여러분은 한두 시간 만에 건물을 선뜻 사겠다고 나설 수 있을까? 급매 물건을 구입하려면 몇 가지 알아둘 것이 있다.

첫째, 공인중개사는 좋은 물건을 진열대에 내놓고 팔지 않는다. 진짜 급매가 있을 때 공인중개사로부터 전화가 오게 만들어야 한다. 부자인 척하고 허세를 부리라는 말이 아니다. 본인의 투자성향과 구입하고 싶은 물건의 종류를 공인중개사와 공유해야 한다.

둘째, 한두 시간 안에 결정할 수 있는 결단력을 키워야 한다. 단순히 배포를 키우라는 것이 아니다. 관심이 있고 구입을 희망하는 물건의 가격을 꿰고 있어야 한다. 몇 년식이고, 대지면적 몇 평, 호수 몇 개면 대략 얼마 정도가 적정한지 알아야 한다. 그러려면 공인중개사무소에서 물건들을 소개받고 기록해 두어야 한다. 그렇지 않으면 진짜 싸게 나온 물건인지 단기간에 확인할 방법이 없다. 급매 물건은 아파트처럼 시세 사이트가 있는 것도 아니고 단순히 공인중개사의 말만 믿고 투자할 수는 없기 때문이다.

셋째, 최소한의 계약금은 항상 준비해야 한다. 은행 빚도 많은데 거액을 현금으로 가지고 있는 것은 효율적인 가계운영은 아닐 것이다. 나는 이런 자금을 마이너스통장으로 준비하고 있다. 1억 원 정도는 가용할 준비가 되어 있어야 최소한의 계약금이라도 걸 수 있다. 요즘은 인터넷은행(토스, 카카오) 신용대출도 10분 안에 받는 세상이니 대출 한도만 미리 알고 있어도 가능할 듯하다.

원룸은 2012~2013년 매물이 희소가치가 있다

원룸 건물을 매입하려고 할 때 어떤 건물을 사는 것이 좋을까? 지은 지 오래된 건물을 낮은 가격에 사서 하나씩 고치고 손을 보는 것이 좋을까? 아니면 새로 지은 건물을 사는 것이 유리할까? 원룸 건물은 투자 대비 수익률이 많이 나는 것이 좋다. 그리고 수익률이 많이 나오는 것 중에서도 가장 신축인 것이 좋다. 겉보기에 좋고 유지관리가 편하고 임대료도 많이 받을 수 있기 때문이다.

요즘 원룸 건물을 보면 완전히 원룸만 있는 건물이 있는데 대부분은 지은 지 오래된 건물이다. 신축은 원룸과 투룸이 혼합된 경우가 많다. 건물에 따라 최상층에 주인세대 3룸이 있는 경우도 있지만 이것은 제외하고 설명하겠다.

원룸과 투룸이 혼합된 것은 무엇이 문제일까? 투룸은 원룸을 2개 만들 수 있는 면적이다. 당연한 이야기다. 예를 들어 소형 원룸 부지는 대략 80~90평 사이에 건축한다. 토지공사에서 주택용지를 이 정도 사이즈로 분할하여 판매하기 때문이다. A 건물은 원룸이 12호가 나오게 건설한다. B 건물은 원룸과 투룸을 혼합하여 원룸 4호, 투룸 4호를 건설한다. 각 원룸의 월세를 50만 원 받는다고 하면 투룸은 얼마를 받을 수 있을까? 100만 원을 받으면 좋겠지만 현실은 그렇지 않다. 많이 받아야 80만 원이다. 계산해보면 A 건물은 600만 원의 월세를 받고, B 건물은 520만 원의 월세를 받는다. A 건물과 B 건물의 건축비는 동일하다. 건물을 지을 때 얼마나 호수를 많이 만드느냐가 판매가격을 결정하는 것이다. 이 결과 A 건물이 B 건물보다 높게 판매되는 것은 당연하다.

2012년에 건축법이 강화되면서 2012년 이후에 건축허가를 받은 건물은 세대당 주차대수가 증가되었다. 2012년 이전에는 A 건물의 형태가 많고 2012년 이후에는 B 건물의 구조로 건축할 수밖에 없었던 이유다. 그렇다면 원룸 건물에 투자할 때는 수익률 높은 A 건물을 사는 것이 유리할 것이다. 그리고 A 건물 중 가장 신축은 2012년에 건설된 주택일 것이다. 그래서 나는 2012년 건물을 주로 구하고 있다. 간혹 2012년에 건축허가를 받고 2013년에 준공한 주택들도 있다. 이러한 건물도 최상의 상품이다.

원룸, 오피스텔 계약할 때 알아두면 돈 버는 꿀팁

다세대와 다가구의 차이

다세대 주택과 다가구 주택의 차이를 아는가? 쉽게 말하면 '다세대'는 여러 사람들이 거주하는 공동주택이다. 아파트, 연립주택, 단독주택 등이 대표적인 거주의 형태이다. 하지만 공동주택이라고 해서 모두 다세대는 아니다. 법규상의 정의는 따로 있지만 나는 그런 정의에는 관심이 없다. 우리는 투자를 하는데 다세대와 다가구가 어떤 영향이 있는지가 궁금할 뿐이다. '다가구'는 건물 전체가 하나의 소유주이고 개별매매가 불가능한 건물이다. 그래서 주택 수를 1주택으로 보면 된다. 반면에 '다세대'는 단일 건축에 각 호마다 소유주를 나눌 수 있어 개별매매가 가능하다. 주택 수는 해당 호수만큼 주택 수에 포함되기 때문에 다주택자가 되는 것이다.

우리나라에서는 1주택자인지 다주택자인지가 중요한 요소이다. 아파트 청약을 하거나, 연말정산을 받거나, 주택을 구입하고 보유하고 팔 때 주택 수에 따라서 납부해야 하는 세금 또는 혜택이 달라진다.

비거주용과 거주용의 이해

오피스텔(officetel)은 간단한 거주시설을 갖추어 주거 기능을 겸한 사무실이다. 그래서 사무실로 사용하면 상가이고 거주시설로 사용하면 주택이다. 법규상 상가와 주택은 분명히 다르다. 그런데 우리는 오피스텔을 사무실보다는 거주의 목적으로 더 많이 사용하고 있다. 오피스텔을 상가로 운영할지 아니면 주택으로 운영할지는 구입 당시 결정해야 한다. 나중에 바꿀 수도 있지만 그럴 경우에는 비용이 발생하며 기존에 받은 혜택을 돌려줘야 하는 일이 생길 수 있다.

오피스텔을 사무실로 사용하면 비거주용이 되면서 상가와 같은 취급을 한다. 그래서 국세청에 사업자등록을 하고 세금계산서도 발급해야 하는 등 불편함이 많다. 하지만 주택 수에 포함되지 않는 장점도 있다. 오피스텔을 거주용 주택으로 사용할 경우에는 주택법에 따라 구청에 주택임대사업자 신고를 하면 종합소득 합산과세를 피할 수 있어 유리하다.

계약서를 각각 작성하라

원룸 건물이나 오피스텔 계약을 할 때 당연히 계약서를 한 장에 쓰는 것이 관행처럼 되어 있다. 하지만 앞에서 말한 것처럼 다세대의 경우 각각의 주택으로 보기 때문에 개별 계약이 잘못된 것은 아니다. 그런데 왜 계약서를 한 장에 쓰는 것일까? 이것은 공인중개사가 편의상 그렇게 한다고 하지만 한편으로는 이런 관행을 꼼수로 볼 수도 있다.

나의 계약 사례를 예로 들어보겠다. 나는 19세대의 다세대 원룸 건물을 계약했다. 계약 당시 한 장의 계약서를 작성하고 잔금을 치를 때 개별 계약서를 다시 작성하자고 합의했다. 공인중개사는 19장의 계약서를 쓰고 날인하는 것이 번거롭다며 불평을 쏟아냈다. 그러나 나는 19장의 계약서를 썼다. 이렇게 하는 데에는 다 이유가 있다.

첫째, 계약서를 한 장으로 쓰면 매매가가 10억을 초과하기에 공인중개사에게 수수료를 0.9% 지급해야 한다. 물론 상호간의 합의하에 조정한다고는 하지만 0.9%에서 조금 낮추어 주는 정도일 것이다. 그러나 계약서를 19장으로 나누어 쓰면 개별 매매가는 5,000만 원이 조금 넘는 수준이다. 그러면 공인중개사 수수료가 0.5%로 낮아진다. 공인중개사는 법적으로 0.5% 이상의 수수료를 받으면 안 되기 때문이다.

둘째, 계약서를 19장으로 나누어 써야 하는 이유는 담당 세무사에게 자산등록을 하려면 어차피 각각으로 자산을 나누어 계산해야 한다. 굳이 두 번 일할 필요가 없다.

셋째, 법무 비용인 등록비를 감면받을 수 있다. 취득 당시 시청에 주택임대사업자 등록을 같이하는 경우 취득가액이 6억 원 이하인 경우(비수도권은 3억 원) 취득세가 200만 원 이하일 때는 전액 감면되고 200만 원이 초과할 때는 취득세의 85%를 감면해준다. 주택임대사업자 신고를 할 때 개별 신고를 하지 않고 하나로 신고하게 되면 이런 혜택을 받을 수 없다.

10% 부가세의 유혹

신축 오피스텔을 구입하기 위해 모델하우스를 방문하면 상담사가 친절하게 상품의 장점을 설명해준다. 특히 매매가에 대해서 얘기를 하며 잔금을 치르고 등기가 끝나면 한 달 후에 10%를 환급해준다고 한다. 그러니 실제로 구입하는 단가는 매매가의 90%라고 설레발을 친다. 왜 그렇게 하냐고 물어보면 아파트와 달리 오피스텔은 부가세 환급을 받을 수 있기 때문이라고 한다. 물론 상담사가 거짓말을 한 것은 아니다. 그러나 여기에 함정이 있는지 없는지를 따져봐야 한다.

일반인들은 아파트 모델하우스만 다녀봤으니 당연히 10%를 돌려준다는 말에 현혹될 소지가 크다. 그러나 회사와 회사가 거래를 할 때 부가세를 받고 환급받을 수 있는 것이다. 회사와 개인의 거래에서는 부가세를 납부하지만 개인은 환급받을 수 없다. 그런데 왜 오피스텔은 환급이 가능한 걸까? 구입 당시 사업자등록을 해야 하기 때문이다. 그래서 회사와 회사가 거래를 하는 것이고 부가세를 환급받을 수 있다. 하지만 여기서 함정은 구입 당시 만든 사업자등록을 유지해야 한다는 것이다. 또한 구입한 오피스텔은 사무실 용도로 사용해야 한다. 만약 주택으로 구입하는 경우에는 부가세 환급을 받을 수 없고 사업자등록의 의무도 없다.

오피스텔을 구입할 의사가 있다면 구입 전에 세무상담을 받아서 앞으로 어떻게 운영할지에 따른 조언을 받는 것이 좋다. 단순히 10%의 유혹에 넘어가지 않기를 바란다.

자본가로 사는
방법을 연구하라

우리나라 청년들에게 취업 한파가 심하게 몰아치고 있다. 통계청의 '2020년 9월 고용동향'에 따르면 청년 체감 실업률은 25.4%로 나타났다. 4명 중 1명은 백수인 셈이다. 일자리를 구해도 저임금을 받고 임시직이나 계약직으로 일한다. 그러다 보니 대학생 및 취업준비생 10명 중 약 4명은 공무원시험을 준비하고 시험경쟁률은 매번 수십에서 수백 대 1에 달한다. 공무원이 되고자 하는 가장 큰 이유는 정년이 보장되는 고용안정성과 퇴직 후에 나오는 연금 때문일 것이다.

《부자 아빠 가난한 아빠》의 저자 로버트 기요사키는 직업을 네 가지 유형으로 나누었다.

- 봉급생활자: 시스템을 위해 일한다.

- 자영업자: 시스템 그 자체이다.

- 사업가: 시스템을 만들거나 소유하거나 통제한다.

- 투자가: 시스템에 돈을 투자한다.

고액 연봉을 받는 임원이 되는 법

먼저 봉급생활자를 살펴보자. 직장인은 노동과 시간을 제공하고 월급을 받는다. 기업들은 이윤 추구가 목적이기 때문에 고정비 지출인 월급을 많이 주지 않는다. 월급만 모아서는 부자가 되기 어렵다. 직장인이 많은 연봉을 받으려면 임원이 되는 수밖에 없다. 대기업 임원이 되면 일반 직장인보다 훨씬 많은 급여소득을 받고 회사에 따라서는 스톡옵션의 혜택이 주어지기도 한다. 잡코리아 자료에 따르면 2019년 대기업 등기이사 평균 연봉은 17억 원이고 삼성전자 등기이사의 평균 연봉은 30억 원이 넘었다. 그러나 임원이 되는 것은 쉬운 일이 아니다. 국내 100대 기업의 사원으로 입사해 임원으로 승진하려면 20년 이상을 몸 바쳐 일해야 하고 그렇게 일을 해도 임원으로 승진할 확률은 0.8%에 불과하다. 임원으로 승진한다고 해도 오너와 전문경영인의 눈에 들 만큼 혁혁한 성과를 내야 한다.

1호선 종각역의 랜드마크인 종로타워는 국내 최초로 리프트업 공법을 도입해 건물 중앙부가 뚫려 있는 구조로 유명하다. 이 건물은 "옛 화신백화점 자리에 랜드마크가 될 건물을 지으라"는 삼성 이건희 회장의 지시를 받고 당시 이승한 삼성테스코 사장이 지었다. 그러나 부지가 좁은데다 맞은 편에 은행 본점 건물이 가로막고 있어 고민이 많았다. 그러다가 우연히 기둥 세계가 UFO(미확인 비행물체)를 떠받치는 형상으로 하면 좁은 공간을 활용하면서 미래지향적인 디자인이 구현될 것이라는 아이디어가 떠올랐다고 한다. 보통 사람이었다면 포기했을 일을 스스로 연구하여 가장 창의적인 방법으로 해결방안을 찾아냈다. 이처럼 대기업 임원들은 문제가 생기면 기발한 발상으로 복잡한 문제를 해결해나간다. 월급쟁이로 고액 연봉을 받는 임원이 되려면 생산성이 높은 요인을 찾고 비생산적 활동을 제거해나가야 한다.

성공한 창업자가 되는 법

두 번째로 창업을 살펴보자. 직장인 중에는 창업을 꿈꾸는 사람들이 많다. 누구든지 창업을 할 수 있지만 성공하는 비율은 아주 낮다. 국내 창업 기업 10곳 중 7곳은 5년을 버티지 못하고 폐업한다고 한다. 창업에 성공하려면 늘 고객의 입장에서 '내가 손님이라면 이 가게에 올까?' '내가 고객이라면 이 상품과 서비스를 살까?'를 고민해야 한다. 창업자는 아이템, 인력, 자본을 갖추고 자기 책임감과 주도력을 가지고 사업을 타이밍에 맞게 계획하고 효율적으로 운영해야 한다. 사업은 '남과 다른 무엇' 즉 '차이'를 만들어내야 돈을 벌 수 있다.

팥고당은 방부제를 쓰지 않는 국내산 팥빵을 판매한다. 박준현 대표는 창업을 하기 전에 '나만큼 팥빵을 좋아하는 사람이 또 있을까?' 이런 생각을 했고 어린 시절에 먹었던 담백하고 설탕 없는 팥빵을 팔기로 마음먹었다고 한다. 무신사도 패션에 관심이 많은 조만호 대표가 프리챌에 만든 '무진장 신발 사진이 많은 곳'이라는 온라인 커뮤니티에서 시작되었다. 이후 무신사를 웹진 형태로 발전시킨 데 이어 커머스 기능을 도입해 1위 온라인 패션 커머스 플랫폼이자 유니콘 기업으로 성장시켰다. 만약 창업을 하고 싶다면 자기가 좋아하는 일에서 찾아라. 일본 기업 혼다의 창업주인 혼다 소이치로는 "엔진을 생각하면 머릿속에서 엔진이 돌아 멈추지 않는다. 그래서 잠을 잘 수가 없다"고 말했을 정도였다. 잠을 설칠 만큼 좋아하는 일을 찾고 잘하게 만드는 것이 중요하다. 성공한 창업자들은 일찌감치 자신의 업을 찾고 그것을 잘하는 것으로 만든 사람들이다.

남녀노소 즐기는 게임을 만드는 회사 닌텐도는 어떤 기업일까? 그저 게임기를 만드는 회사일까? 닌텐도 임직원들은 '미소 창조기업'에서 일한다고 생각한다. 온 가족이 즐길 수 있는 게임을 만들어 부모와 자식이 함께 싱글벙글 웃으면서 대화할 수 있는 계기를 마련해주기 때문이다. 사업을 하든 장사를 하든 중요한 것은 고객에게 행복을 주는 일이란 것을 잊지 않는 것이다. 후루야 사토시는 《장사는 돈 관리다》에서 "장사란

누군가에게 기쁨을 주고 정당한 대가를 받는 것입니다"라고 했다.

그러나 섣불리 창업을 꿈꾸지 마라. 모두 돈을 잘 벌기를 바라고 창업을 하지만 월급쟁이보다 못한 수입으로 사는 창업자들이 훨씬 더 많다. 소득이 들쑥날쑥해서 돈을 모으기도 어렵다. 창업은 피를 짜고 뼈를 깎아내는 고통을 참아내며 죽기 살기로 해야 겨우 성공할 수 있다.

자본가가 되는 법

일반 직장인이 연봉을 많이 받는 임원이 되기도 힘들고, 자영업이나 사업을 해서 성공하기도 힘들다면 어떻게 해야 할까? 일을 해서 얻는 근로소득만으로는 부자가 될 수 없다. 월급을 받으며 직장에 다닐 수 있는 기간은 정해져 있다. 은퇴 시기를 냉정하게 판단해야 한다. 언젠가 회사에서 나와 단신의 맨몸만으로 헤쳐나갈 강력한 무기가 있어야 한다. 그 무기는 좋은 기업의 주식을 사서 자본가가 되는 것이다.

그 순서는 대체로 이렇다. 근로소득이 생기면 절약을 해서 지출을 최소화한다. 그 돈을 저축해서 종잣돈을 모은다. 그 돈을 투자하여 자산 규모를 키운다. 이렇게 계속해서 현금 흐름을 만들어놓으면 월급(근로소득)보다 자산소득이 더 많아지는 시스템이 마련된다.

직장인이 부자가 될 수 있는 방법은 사업가나 자본가가 되는 방법밖에는 없다. 직장인은 정해진 월급이 있어서 자금을 안정적으로 운용하고 관리할 수 있다. 근로소득을 밑천 삼아 계획을 세우고 성장하는 기업의 주식을 사야 한다. 월급이 오르면 투자할 자금도 많아진다. 직장인은 우량한 기업의 주식을 사야 한다. 투자한 자산이 나를 위해 쉬지 않고 열심히 일하게 만들어야 한다. 시스템을 위해 일하는 봉급생활자에서 시스템에 돈을 투자하는 자본가로 살아야 부자가 될 수 있다.

나는 하루 8시간, 주 40시간을 회사 대표로 일하고 있다. 월요일부터 금요일까지 직원들과 회의를 하고, 결재를 하고, 거래처를 방문하고, 차기 사업을 위해 연구를 하는 것이 나의 일상이다. 나의 몸은 하나이기에 여러 가지 일을 동시에 할 수 없고 피곤할 때는 쉬어야 한다. 그러나 나의 수익형 자산은 일 년 내내 하루도 쉬는 날 없이 나를 위해 일을 한다. 150여 개의 주택과 상가에서는 매달 임대료와 월세가 들어오고 태양광발전소 2곳에서도 수익이 생긴다. 나는 여가시간을 활용해 다른 수익형 자산을 찾고 있다. 매주 또는 매월 새로운 아이템을 찾아 검토하고 나의 부자의 법칙에 부합하는지 살펴본다.

월급보다 많은
자산소득을 만들어라

　이탈리아의 경제학자인 빌프레도 파레토(Vilfredo Pareto)는 부와 소득의 유형에 대한 연구에 착수했다. 그는 자료를 분석하면서 소수의 국민이 대부분의 소득을 벌어들이는 부의 불평등 현상을 발견했다. 전 인구의 20퍼센트가 전체 부의 80퍼센트를 차지했다. 그가 더 놀란 사실은 어느 나라를 조사해도 이러한 불균형의 패턴이 항상 똑같이 나타났고, 시대가 달라져도 이 패턴은 변하지 않았다는 것이다. 이 패턴은 노력, 투자, 원인의 적은 부분이 성과나 산출량, 결과의 대부분을 유발하며, 노력과 성과 사이에 일정한 불균형이 존재한다는 것을 의미하는 것으로, 이 법칙은 '최소 노력의 법칙', '불균형의 법칙', '80/20 규칙' 등의 다양한 이름으로 불린다.

사회나 기업 또는 개인의 삶에서 파레토의 법칙으로 설명할 수 있는 예들은 무수히 많다.

성과의 80퍼센트는 집중해서 일한 20퍼센트의 시간에서 달성된다.

프로 운동선수의 20퍼센트가 대회 상금의 80퍼센트를 휩쓴다.

백화점 매출의 80퍼센트는 20퍼센트의 고객에게서 나온다.

전화 중 80퍼센트는 자주 전화하는 20퍼센트의 사람들에게서 온다.

전체 손님의 20퍼센트가 팁의 80퍼센트를 준다.

생산품의 20퍼센트가 판매의 80퍼센트를 결정한다.

누구나 가지고 있는 옷의 20퍼센트를 80퍼센트의 시간 동안 입는다.

세일즈맨 20퍼센트가 전체 판매 목표의 80퍼센트를 달성한다.

이 법칙은 세상이 돌아가는 방식을 깨닫는 데 도움이 된다. 그 20퍼센트가 무엇인가를 알아야 한다. 자본시장의 시스템은 소득 불균형을 키워 부자와 가난한 자를 만든다.

소득에는 근로소득과 사업소득, 자산소득이 있다.

첫째, 근로소득은 회사에서 일하고 받는 급여다. 고액 연봉을 받는 임원을 제외하면 일반 직장인의 근로소득은 높지 않다. 그래서 우리는 근로소득이 높은 의사, 변호사, 세무사 같은 전문직 종사자가 되기를 원한다. 그러나 문제는 전문직도 자신이 일하지 않으면 소득이 발생하지 않는다는 것이다. 아무리 훌륭한 의사라도 본인이 아파서 환자 진료를 하지 못하는 경우에는 소득이 발생하지 않는다. 보수가 많을 뿐 노동이 소득인 셈이다.

둘째, 사업소득이란 작게는 식당이나 옷가게 등 흔히 자영업자나 회사를 직접 운영하는 사장들의 소득이다. 사업가는 유능한 사람들을 고용해 시스템을 운영하는 사람이다. 그들은 시스템을 소유하고 통제하며 사람들을 리드할 수 있기 때문에 일을 맡기고 휴가를 갈 수도 있다.

셋째, 자산소득은 이자 소득, 투자한 주식이나 채권 배당 소득 또는 부동산 임대소득 등이다. 내가 가끔 관리만 해주면 돈이 나를 위해 일한다. 이자소득은 금융기관에 돈을 맡기거나 다른 사람에게 돈을 빌려주고 미리 정해진 이자를 받는 것이고, 부동산 임대소득은 집이나 건물을 사서 빌려주고 받는 사용료이고, 배당소득은 어느 회사의 일정 지분을 보유한 경우 그 회사에 이익이 생겼을 때 지분의 비율만큼 받는 소득이다. 이러한 소득을 한 가지만 받는 사람도 있고 여러 가지 소득을 동시에 받는 사람도 있다. 예를 들어 회사에 다니면서 월급을 받고, 돈을 모아 부동산을 사서 다른 사람에게 임대를 주고 또는 회사 주식을 사서 배당을 받는 경우에는 3가지 소득을 모두 얻을 수 있다.

월급을 투자해 황금알을 낳는 거위로 키워라

우리가 그토록 원하는 부자가 되려면 사업가가 되어야 한다. 그러나 직접 사업을 할 수 없다면 한 가지 방법이 있다. 실적이 좋고 가치가 높은 기업의 성공에 올라타는 것이다. 이 방법은 직접 창업하는 것보다 훨씬 안전하다. 주식을 사서 기업의 지분을 가지면 된다. 1주만 사도 그 기업의 주주가 된다. 주주가 된다는 것은 그 회사의 주인이 되고 동업자가 된다는 의미다. 내가 기업의 주식을 가지고 있으면 그 회사의 임직원들이 땀 흘려 일해서 얻은 이윤의 일부를 나에게 배당금으로 주고 그 기업이 성장하면 내가 갖고 있는 주식의 가치도 올라간다. 돈이 생길 때마다 주식을 사서 모으면 투자한 여러 회사들이 주주인 여러분이 일해서 번 근로소득과 별개로 자본소득이 생긴다. 이를 통해 돈이 돈을 버는 시스템을 만들 수 있고 주식을 계속 사서 모을수록 돈이 불어나는 속도는 엄청나게 빨라진다. 사람은 노동할 수 있는 시간이 한정되어 있지만 돈은 잠을 자지도 않고 휴가도 가지 않는다. 24시간 365일 쉬지 않고 일을 한다.

평범하게 직장생활을 하면서 얻은 근로소득만으로는 평생 가도 집을 마련할 수 없다. 아이들 사교육비, 결혼 비용, 노후자금까지 감당할 수가 없다. 투자를 해야 한다. 주식 투자는 선택이 아닌 필수다.

부동산도 마찬가지다. 월세를 받을 수 있는 부동산을 매입하면 일부는 보증금으로 다시 들어오고 은행 이자보다 높은 월세를 받는다. 게다가 부동산 자체의 가격도 오른다.

우리가 경제적 자유를 꿈꾸는 것은 돈 걱정을 하지 않고 살기 위함도 있지만 돈을 벌기 위해 구속되는 시간으로부터 자유로움을 얻기 위한 것도 있다. 부자가 되면 내가 일하고 싶을 때 일하고, 쉬고 싶을 때 쉴 수 있는 자유를 누릴 수 있다.

자산 증가보다 매달 들어오는 수익에 집중하라

자산가치가 올랐다고 좋아하지 마라

나는 3년 전에《부자는 돈이 일하게 한다》를 출간했을 때는 70억 자산가였다. 지금은 자산이 120억으로 불어났다. 어떻게 3년 만에 50억의 자산이 증가했는지 궁금할 것이다. 내 자산은 지금도 일하고 있고 매년 증가하고 있다. 그리고 그 속도는 더욱 빨라지고 있다. 내 자산에서 나오는 월소득은 3년 전에 비해 두 배가 조금 넘게 상승했다. 자산에서 벌어들이는 수익금은 자산가치의 상승보다 더 빨리 늘어날 것이다. 마치 속도가 붙어 질주하는 기관차를 연상하게 할 정도다.

내가 가진 자산들의 가치가 상승했는지 하락했는지는 알 수가 없다.

아파트의 경우 시세 파악이 쉽지만 수십억 하는 건물들의 가격을 알아본다는 것은 어려운 일이다. 그래서 나는 자산의 가치를 평가하지 않는다. 나의 재무제표에는 수익률의 차이가 없는 한 자산의 가격은 구입 당시의 가격으로 남아있다. 간혹 수익금이 상대적으로 많이 낮아지는 경우에는 자산가치를 낮추어 적기는 하지만 수익금이 증가했다 해도 자산가치를 높게 평가하여 적어놓지는 않는다. 왜냐하면 나는 소중한 자산들을 팔 생각이 없기 때문이다. 영원히 안 판다고는 볼 수 없지만 그것은 그때 가서 생각할 문제다. 나는 무보수로 매일 24시간씩 일하는 일꾼들을 해고할 이유가 없다.

20대 중반에 처음 재테크를 시작할 때는 하루라도 빨리 10억 원을 만드는 것이 꿈이었다. 하지만 점점 자산소득이 많아질수록 자산가치의 증가보다는 매달 들어오는 수익에 초점을 맞추게 되었다. 돈이 일하게 하면 매달 수익은 저절로 늘어난다.

무리한 투자를 하지 마라

무리한 투자를 하지 말라고 할 때 '무리'하는 기준은 무엇일까? 나의 투자 지론은 '투자하는 순간 수익이 창출되는 것에 투자하는 것'이다. 무리한 투자는 이것을 기준으로 보면 된다.

너무 마음에 드는 물건이 매물로 나왔다고 가정해보자. 나는 열 일 제쳐놓고 투자분석을 한다. 준비된 툴(tool)로 검증을 하고 투자를 결정한다. 문제는 자금 확보이다. 평상시 준비해놓은 자금과 추가 대출로 받을 수 있는 금액을 더하고 부족한 부분은 월세를 전세로 전환한다. 여기서 중요한 사실은 투자금을 확보하면 나의 월수익이 늘어나는가를 따져보는 것이다. 월세를 전세로 너무 많이 전환하여 월수익이 기존보다 낮아지지 않는지를 파악해야 한다. 좋은 물건에 현혹되어 잘못 판단하면 갭투자와 다를 바가 없다. 다행히 잔금을 치르고 난 다음 월수익이 상승한다면 주저하지 않고 투자를 한다. 하지만 일부라도 월수익이 줄어든다면 투자를 하지 않는다. 좋은 물건이지만 그것을 매입하기에는 내가 준비가 덜 된 것으로 판단한다. 아직 그 물건을 구매하기에는 현금 흐름 상태가 좋지 않은 것이다.

나이에 맞는 투자를 하라

가을 들판은 노랗게 물들어가고 있다. 부지런한 농부는 추수를 하기 시작했다. 우리의 삶도 농사와 같다. 논을 갈고, 물을 대고, 벼 모종을 준비해 심고, 피를 뽑고, 잘 관리해주면 풍성한 수확의 기쁨을 안겨준다.

내가 생각하는 나이에 맞는 자산관리법은 아래와 같다.

20~40세: 높은 수익률을 얻을 수 있는 다소 공격적인 투자

41~50세: 적당한 수익률을 얻을 수 있는 중간 수준의 투자

51~65세: 안정적인 수익률을 얻을 수 있는 안정적인 투자

66세 이후: 보유하고 있는 자산을 보존할 수 있는 보수적인 투자

논을 갈고 모종을 심을 시기에 아무것도 하지 않으면 추수할 것이 없다. 추수를 해야 할 시기에 모내기를 시작하면 너무 늦다. 우리나라는 2모작을 할 수 없다. 그러나 우리는 투자를 할 때 50대에 늦었다고 모내기를 하는 경우가 많이 있고 이런 투자는 반드시 문제가 생긴다. 그리고 문제가 생겼을 때는 이미 한파가 몰아치는 겨울이다. 우리는 삶을 다시 살 수 없다. 글을 쓰다가 잘못 쓰면 지우고 다시 쓰면 된다. 그러나 우리의 삶에는 되돌리기 버튼이 없다.

젊은 나이에는 수익은 높지만 관리가 필요하고 가격변동률이 있는 투자대상을 추천한다. 50대부터는 낮은 소득이라도 안전하고 오래 지속할 수 있는 투자를 해야 한다. 물론 포트폴리오를 다양하게 가져가는 것은 기본이다.

인간은 나이가 들면 은퇴해야 한다. 그동안 열심히 살았으니 여생을 즐길 권리가 있다. 65세 이후에는 신규투자를 멈추고 투자수익으로 대출원금을 갚는데 써야 한다. 그리고 나를 위해 써야 한다. 만약 그러고도 남는다면 나는 사회에 환원할 것이다.

이런 사람은 절대로
주식에 투자하지 마라

빚내서 투자하지 마라

나는 공장을 두 번 신축했다. 이때 모 건설사에 발주했다. 그 회사 사장님과 대화를 나누던 중에 땅 투자를 하고 있다는 사실을 알게 되었다. 특히 지방에 매물로 나온 저렴한 땅을 사고 있었다. 그분은 땅이 한정판 재화이기 때문에 프리미엄이 붙을 수밖에 없다는 소신을 밝혔다. 그런데 대출을 많이 받아서 땅을 사는 것이 문제였다. 투자를 할 때 간과해서는 안 되는 것이 있다. 부동산 투자는 번갯불에 콩 볶아 먹듯 하루아침에 수익을 내는 것이 아니다. 부동산 투자는 긴 시간을 두고 해야 하는 장기투자다. 그러니 대출을 받아 투자한다면 장기 대출금 이자와 각종 세금 등을 따져봐야 한다. 대출이자와 부동산 세금을 빼고 나면 남는 게 없는 장사가 되기 쉽다. 내가 하고 싶은 말은 내 자산이 아닌 대출금으로 장기투자를 하지 말라는 것이다.

주식 투자도 마찬가지다. 각종 주식 커뮤니티에는 "휴학하고 등록금까지 올인했다", "내년 봄에 결혼할 건데 전셋집 구할 돈을 투자했다" 등의 사연을 쉽게 찾아볼 수 있다. 이런 경우에는 빨리 수익을 거둬야 한다는 압박 때문에 장기투자를 할 수 없다. 주식 투자는 반드시 여유자금으로 해야 한다. 그래야 주가의 등락과 상관없이 인내심을 갖고 오래 보유할 수 있다. 여기서 여유자금은 앞으로 최소한 5년 이내에 쓰지 않을 돈이다. 예컨대 앞으로 1~2년 이내에 필요한 결혼 비용, 전세보증금, 아파트의 중도금이나 잔금, 자녀 학자금으로 주식을 사서는 안 된다. 그런 돈은 예금자보호가 되는 은행이나 저축은행 예금에 넣어두는 것이 바람직하다.

주식 투자는 위험을 감수해야 한다. 빚을 내서 투자하는 것은 망하는 지름길이다. 빚을 내서 투자하면 빨리 수익을 얻어야 한다는 조급함 때문에 투자가 아닌 투기를 하기 쉽다. 레버리지(부채)를 잘못 사용할 경우에는 부를 쌓기는커녕 손실을 보고 신용불량자가 될 수도 있다는 것을 잊지 마라.

도박을 하지 말고 투자를 하라

주식은 도박이라는 편견을 가진 사람들이 많다. 주식에 투자해서 돈을 번 사람은 없고 죄다 잃은 사람들만 있다고 말한다. 주식을 도박처럼 하면 도박이고 투자로 접근하면 투자다. 실제로 전 재산 2억과 대출 받은 1억을 주식에 투자해 전부 날린 사람이 있다. 아이러니하게도 그는 '주린이(주식+어린이)'였다고 한다. 투자하는 회사의 매출이나 영업이익 등 아주 기본적인 데이터조차 확인하지 않은 채 남의 말만 철석같이 믿고 자기가 감당할 수 없는 금액을 주식에 단기투자했으니 그 자체만으로도 도박을 한 셈이다. 그런데도 그 사람은 투자할 당시에는 자기가 도박을 한다고 생각하지 않았다고 한다. 만약 그가 단기간에 막대한 수익을 거두었다고 해도 반드시 주식에 다시 투자할 때 도박심리로 접근해서 크게 물렸을 것이다.

벤저민 그레이엄은 투자와 투기를 다음과 같이 구별했다. "투자란 철저한 분석하에서 원금의 안전과 적절한 수익을 보장하는 것이고, 이러한 조건을 충족하지 못하는 행위는 투기다."

주식 투자를 하면서 "좋은 종목을 좀 찍어주세요"라고 말하는 사람들이 종종 있다. 기업의 가치나 실적에는 관심이 없고 남의 말만 듣고 '묻지 마' 투자를 하겠다는 것이다. 나는 설령 좋은 종목을 알고 있어도 "모른다"고 답할 것이다. 그 사람이 조금이라도 손해가 나면 뒷감당을 해줄 수 없기 때문이다. 피 같은 돈을 투자하면서 현재 산업동향이나 업종별로 중요한 사건, 기업의 내재적 가치 분석도 하지 않고 남에게 알려달라고 하는 것은 당장 돈을 벌고 싶어서 요행을 바라는 것이다. 투자를 하면서 요행을 바라서는 안 된다. 주식 투자는 동업하고 싶은 기업을 고르는 것이다. 주식 투자를 하려면 다음의 다섯 가지 정도는 면밀히 살펴보아야 한다.

1. 재무구조(현금 흐름)가 좋은 우량한 기업인가?
2. 꾸준하게 실적을 내고 있는가?
3. 미래에 성장할 가능성이 있는 사업인가?
4. 경영자의 도덕성이나 자질이 좋은가?
5. 이익 대비 배당률은 적당한가?

실적이 좋다는 것은 매출과 영업이익, 순이익이 늘어난다는 것을 의미한다. 잘 모르면 절대로 투자해서는 안 된다. 제대로 공부해서 투기가 아닌 투자를 해야 한다. 도요타자동차 조 후지오 회장은 최소한 다섯 번 이상 '왜?'라는 질문을 하는 것으로 유명했다. 그는 "만약 도요타 사원들이 다섯 번이나 '왜'라는 질문에 연속적으로 답변할 수 있다면 도요타는 훌륭한 회사임이 틀림없다"라고 했다. 투자하기 전에 그 기업 주식에 '왜 투자해야 하나?'를 최소한 다섯 번 이상 질문하기 바란다.

냉정을 잃는 사람은 주식에 투자하지 마라

성격이 예민하고 감정적으로 흥분을 잘하는 친구가 주식 투자를 시작하려고 했다. 그 친구에게 말했다.

"주가는 매 순간 변하니까 가격이 등락할 때마다 흥분하기 쉬워. 주식 투자를 잘하려면 참고 기다릴 줄 알아야 해."

"명심할게."

마음이 놓이지 않아서 다시 한 번 강조했다.

"주식 투자를 할 때는 냉정해야 해."

"알았어. 너무 걱정하지 마."

그래도 마음이 놓이지 않아서 또 당부했다.

"감정을 자제해. 주가 변동을 인내해야 한다는 것을 잊지 마."

이 말을 들은 친구가 버럭 화를 내면서 말했다.

"나를 놀리는 거야? 같은 말을 왜 몇 번씩이나 해?"

나는 흥분하는 친구에게 말했다.

"고작 세 번 말했는데 너는 그걸 못 참고 화를 내는구나."

주식에 투자할 때 주가 변동에 인내심을 갖지 못하고 오전에 사서 오후에 팔고, 오늘 사서 내일 파는 사람이 수두룩하다. 그런 사람들은 주식을 한 달 보유하는 것도 길다고 생각한다. 주가 변동을 보고 있으면 심장이 벌렁벌렁 뛰어서 감정적으로 투자 판단을 내리기 쉽다. 수익이 나도 인내하고 손해가 나도 인내해야 한다. 투자는 좋은 주식을 사서 모은다는 생각으로 해야 한다. 짧은 시간에 사고팔아서는 안 된다. 투자에 실패하는 이유는 냉정을 잃고 본능과 감정으로 하기 때문이다. 시장 변동에 과민하게 반응하는 사람은 주식 투자를 하지 마라. 손실이 쌓여 투자금을 잃기 쉽다.

100만 원으로 주식 투자를 할 땐 10% 빠지면 10만 원의 손해를 보지만 1억 원을 투자할 땐 10% 빠지면 1,000만 원이 사라진다. 흥분한 감정을 가라앉히고 잊어버릴 수 있는 수준이 아니다. 1,000만 원 손해는 200만 원 월급을 받는 사회초년생의 5개월치 월급이 날아가는 셈이다. 이런 상황에서 주가가 떨어졌을 뿐 기업의 가치가 하락한 것은 아니라며 일에 집중할 수 있을까. 주가 변동에 인내할 수 없는 사람, 돈을 차갑게 다루지 못하는 사람이 주식에 투자하면 절대로 수익을 얻을 수 없다.

원금 보장에 집착하는 사람은 주식에 투자하지 마라

은행 이자 1~2%가 성에 안 찬다고 주식에 관심을 갖는 사람들이 있다. 투자하기 전에 미리 알아두어야 할 것은 주식 투자는 원금 손실을 볼 가능성이 있다는 점이다. 세상에 확실히 안전한 투자는 없다. 투자 대상에는 무슨 일이 생길지 모른다. 수익률이 마이너스가 되는 기간이 길어질 때는 인내심을 갖고 견뎌낼 줄도 알아야 한다. 자기 성향을 파악해서 원금 보장에 집착하는 경향이 있다면 주식에 투자하지 말고 이자가 적더라도 안전하게 은행에 예금하는 편이 낫다. 원금 손실을 극도로 싫어하는 사람은 조금이라도 손실을 보면 흥분해서 주식을 처분하거나, 주식을 팔지도 못하고 원금 회복만 기다리다가 속이 타들어간다. 원금 생각이 나서 급등할 종목만 찾다가 더 큰 손실을 보기도 한다. 최고의 투자자도 손실을 볼 수 있는 곳이 주식 시장이다. 원금에 집착하는 사람은 절대로 주식에 투자하지 마라.

전업투자자를 꿈꾸지 마라

직장에 다니면서 주식 투자를 하는 사람들이 많다. 조금 수익이 생기면 기분이 좋아서 거하게 한턱을 내기도 한다. 1억을 가지고 주식 투자를 하는 사람은 한 달에 3%의 수익을 내면 300만 원이 생긴다. 그러다 보면 전업투자자가 되는 것을 심각하게 고민하기도 한다. 1억을 더 보태서 2억을 가지고 전업투자자로 나서면 한 달에 3%의 수익을 내더라도 600만 원이 생기니까 지금 받는 월급 이상의 수입을 얻을 수 있다는 논리를 내세운다. 그 계산이 예상대로 들어맞는다면 그보다 좋은 투자는 없을 것이다. 지긋지긋한 직장생활을 하지 않고 편하게 몇 시간만 일해도 되니 이보다 더 좋을 수는 없지 않겠는가.

그러나 주식 투자가 본업이 되면 안정적으로 들어오는 월급이 없으니 모든 생활비를 투자 소득에만 의지해야 한다. 투자에서 발생하는 수익에서 생활비를 충당해야 하므로 원금은 줄어들고 수익성이 높은 자산에 장기투자하기도 어렵다. 직장에 다닐 때는 짧은 시간 보던 차트를 이제는 오후 장 마감할 때까지 들여다보고 매일 주식에만 온 신경을 쏟아야 한다. 주식을 사서 이익이 나면 곧바로 판 후에 뿌듯해하고, 손실이 나면 화가 나서 끼니도 챙겨 먹지 않는다. 이렇게 하루하루 초단타 매매를 하면서 살면 스트레스가 쌓이고 삶이 황폐화된다.

주식은 장기투자를 전제로 하고 직장에서는 일하는데 집중해야 한다. 매달 받는 월급이 적은 것 같지만 꼬박꼬박 들어오는 수입은 생활을 안정적으로 꾸릴 수 있게 하는 큰 힘이 있다.

주식으로 수익을 내는
사람들의 공통점

자기만의 확고한 이유를 가지고 투자한다

　주식 투자를 할 때 생각하지 않고 매매를 하는 사람이 있을까? 하지만 안타깝게도 남의 말만 믿고, 주가 차트만 보고 투자를 하는 사람들이 너무나 많다. 기업이 어떻게 돈을 버는지 이해가 안 되고 앞으로 계속 성장할지 가늠할 수 없으면 투자 결정을 미뤄야 하는데 즉흥적으로 투자하는 사람들도 수두룩하다. 주식을 살 때는 왜 사야 하는지, 주식을 팔 때는 왜 팔아야 하는지 자기 생각을 글로 정리해두는 것이 좋다. 워런 버핏은 "왜 내가 현재 이 가격으로 이 회사 주식을 매수해야 하는지에 대해 한 권짜리 소논문으로 답할 수 없다면 단 100주도 사지 않는 편이 좋다"고 말했다. 투자를 할 때 자기만의 확고한 생각이 있어야 하는 또 다른 이유는 남과 비교하지 않기 위해서다. 내가 투자한 것보다 더 많이 오르는 종목이 있으면 내가 가진 주식이 가치가 있는데도 그것을 팔고 오르는 종목을 사게 된다. 그런데 얼마 안 있으면 오르던 종목의 가격이 떨어지는 일이 비일비재하다. 이처럼 자기만의 확신을 가지고 소신껏 투자하지 않으면 샀다 팔았다 하면서 결국 손해만 보게 된다. 소신 투자는 투자 방향을 정확하게 알려주는 나침반을 가지고 있는 것과 같다. 주식으로 수익을 내는 사람들은 실력이 있는데 그것은 확실한 투자 원칙에서 나오는 힘이다. 원칙을 세우고 그것을 깨지 마라.

가이드라인을 정해놓고 투자한다

투자할 때는 투자 비중을 결정하는 것이 좋다. 만일 5,000만 원을 운용한다면 2,000만 원은 확정이자가 지급되는 예금에 넣고, 나머지 여유자금으로 주식이나 펀드에 투자하는 식으로 해야 한다. 또한 주식에 투자할 때도 처음부터 가이드라인을 정해놓는 것이 좋다. 가이드라인을 정해두는 것은 탐욕을 누르고 이성적으로 투자하기 위해서다. 주식으로 수익을 내는 사람들은 어느 종목에 어떻게 투자할 것인지, 자산의 몇 퍼센트를 살 것인지를 미리 정해두고, 한 번에 살 것인지 여러 번에 나눠서 살 것인지 구체적으로 수치화한 기준을 정해서 투자한다.

회사의 경영자처럼 확인하고 또 확인한다

주식으로 수익을 내는 사람들은 투자하는 회사의 연간보고서, 사업보고서, 재무제표를 반드시 확인한다. 사업모델이나 재무구조를 분석하는 것이다. 재무제표란 회사의 재무현황을 기록한 표다. 재무상태표, 포괄손익계산서, 자본변동표, 현금흐름표로 구성되어 있다. 이 중에서 회사의 안정성을 나타내는 재무상태표와 수익성을 보여주는 포괄손익계산서를 집중적으로 파악한다. 더 꼼꼼한 사람은 그 회사가 만드는 제품에 대한 소비자의 반응과 평가, 업종 내에서의 시장점유율, 소액주주의 반응, 소유부동산의 가치 등도 확인한다. 이렇게 확인하는 이유는 투자 수익은 쉽게 얻어지는 것이 아니기 때문이다.

동업자가 될 만한 기업에 투자한다

1,000개의 주식 종목 중에서 3종목을 뽑으라고 한다면? 워런 버핏은 이렇게 답했다. "처음부터 제일 우수한 종목을 뽑아내려 하지 않을 것이다. 나쁜 종목을 먼저 제외시킨 다음에 나머지를 가지고 궁리할 것이다."

주식회사의 주식을 산다는 것은 수익을 남기고 파는 행위가 아니라 그 회사의 주주가 되고, 동업자가 되고, 그 회사를 함께 경영한다는 생각으로 해야 한다. 투자를 잘하는 사람은 주식을 사기 전에 어느 산업군에 속하는지, 해마다 성장할 사업모델인지, 기업가 정신을 가진 경영자가 훌륭하게 경영을 하는지 등을 반드시 살펴본다.

주가가 아니라 기업가치를 보고 투자한다

잘 모르는 분야인데도 주가만 보고 투자를 하는 사람들이 많다. 모르는 분야에 투자하는 것은 도박에 가깝다. 잘 모르니까 주가가 적정 가격인지 감이 안 잡히고, 판단할 근거가 없으니 남들 하는 대로 따라서 사고판다. 주식 투자는 주가가 아니라 기업의 본질과 가치, 성장성에 주목해야 한다. 주식에서 나오는 수익은 기업이 성장하면서 얻는 보상이다. 성장하는 기업의 가치가 높으면 주가는 반드시 오르고 발전하지 않는 기업의 주가는 반드시 하락한다. 기업가치는 주가에 반영된다.

사실과 투자 정보를 구분한다

매일 엄청난 정보가 쏟아진다. 정치, 경제, 금융, 주식, 부동산, 사업 등에 관련된 정보를 읽는 것만으로도 많은 시간이 걸린다. 주식시장에는 뉴스, 전망, 분석, 소문과 루머, 가치없는 홍보성 정보, 거기에 투자하면 돈을 번다더라 같은 '카더라통신' 등이 많다. 사실과 정보를 가려낼 줄 모르면 잘못된 판단을 내리기 쉽다. 자산을 지키고 싶다면 객관적인 사실과 해석을 구분하여 분석하고 비판적으로 수용하는 훈련이 필요하다. 경제, 금융, 투자 지식이 밑바탕이 되어야 한다. 지식과 경험이 쌓이면 돈의 흐름을 보는 안목이 생긴다.

열매를 거두기 위해 기다린다

열매를 거두고 싶은 마음이 급해서 어제 씨앗을 뿌려놓고 오늘 '왜 열매가 열리지 않지?' 하는 사람이 있다면 정상인으로 보기 힘들다. 열매를 거두려면 가꾸면서 기다리는 시간이 반드시 필요하다. 그런데 주식 투자로 대박을 꿈꾸면서 기다림의 시간을 무시하는 사람들이 너무나 많다.

한국거래소(KRX)의 분석에 따르면 주식시장에서 당일에 주식을 사고파는 거래가 전체 매매에서 절반에 가깝다고 한다. 주식 투자는 기업의 주인이 되고 동업자가 되는 것인데 이런 거래 행태는 도박을 하는 것과 같다. 주가 흐름을 보면서 단타 매매를 하면 운이 좋아서 조금 수익을 낼 수는 있어도 큰 수익을 얻을 수는 없다. 주식 투자는 성장 가치가 있는 좋은 기업에 비중을 두고 장기투자해야 큰 열매를 거둘 수 있다.

주식 투자를 할 때는 딱 한 문장만 머릿속에 넣고 있으면 기다림의 시간이 지나서 큰 수익을 볼 수 있다. '실적이 좋고 미래 가치가 높은 주식을 사서 장기투자한다.' 주식으로 돈을 벌려면 최소 5년, 10년 단위의 장기적인 관점의 투자가 필요하다. 주식 가격은 변하지만 좋은 기업은 계속 성장하기 때문이다.

경제학자 케인즈는 이렇게 말했다. "인생은 짧다. 그래서 인간은 단기 투자를 선호한다. 그러나 어떠한 상황에서도 일단 투자를 한 주식은 장기 보유해야 한다. 여러 해가 걸리겠지만 확실히 이익이 나거나 아니면 확실히 실수였다는 판단이 서기 전에는 함부로 매도하면 안 된다."

성공한 투자자들도 주식을 산 뒤에는 잊어버리라고 조언하기도 한다. 매일 차트를 들여다보고 있으면 주가 움직임에 샀다 팔았다 하고 싶기 때문이다. 물론 실적 중심으로 단기적인 수익률을 달성하는 사람들 중에는 미래가치를 보고 다섯 개 정도의 종목을 오랫동안 보유하는 병행 투자를 하기도 한다. 이것은 개인의 투자성향과 재정상황에 따라 적합한 투자방식을 찾은 것이다. 어떤 방식이든 판단은 개인의 몫이다.

주식 투자는 부동산 투자와는 달리 소액으로도 가능하다. 몇천 원 또는 몇만 원으로 좋은 종목을 매일 살 수 있다. 외식하고 술 마시고 쇼핑할 돈을 아껴서 주식을 사라. 시간이 지나면 수백, 수천 주로 불어난다. 주식 배당금을 받아서 다시 재투자하면 5년, 10년, 20년 후에는 자산소득이 엄청나게 늘어날 것이다.

예측에 베팅하지 않는다

개미투자자들은 조직, 정보, 자금력, 시스템 등에서 외국인 투자자나 헤지펀드, 사모펀드 등의 투자전문 금융회사와 각종 연·기금 등의 기관을 이기기 어렵다. 그러나 그들조차도 특정 주식의 주가가 내일 오를지 떨어질지 맞힐 수는 없다. 미국 프린스턴대의 버턴 맬킬 교수가 주장한 것처럼 주가란 술에 취한 사람의 걸음걸이와 같다. 주가를 정확히 예측할 수 있는 전문가나 점쟁이가 있다면 1년 안에 세계 최고의 부자가 될 것이다. 주식시장은 살아 움직이는 생명체와 같아서 주가는 등락을 거듭한다. 등락을 예측해서 수익을 낸다는 것은 사실상 불가능하다. 투자는 오늘 주가가 오를지, 떨어질지 예측하고 그것을 바탕으로 하는 행위가 아니다.

매수와 매도의 타이밍을 잘 맞추면 수익을 낸다고 생각해서 차트, 거래량을 보고 투자를 하는 사람들도 많다. 차트를 보고 내일 주가를 예측할 수는 없다. 그런데도 증권사에서 기술적 분석에 필요한 도구들을 제공하는 이유는 증권사의 최대 수입원인 매매수수료를 받기 위해서다.

투자는 예측이 아니라 분석으로 해야 한다. 주가가 오를 건지, 내릴 건지를 생각하지 말고 재무제표에서 기업의 실적을 보면서 추이를 분석하고, 우량한 기업에 투자하면 된다. 그런 기업은 당장 주가가 떨어져도 장기 보유하면 언젠가는 반드시 주가가 회복된다.

금값, 유가, 선물이나 옵션, DLS, ELS 등도 마찬가지다. 예측은 언제든 빗나갈 수 있다. 예측하고 투자하는 것은 피 같은 돈을 운에 맡기는 것과 같다.

생존력과 경쟁력이 확인된 1등에 투자한다

주식에 투자하는 사람들은 좋은 종목을 싸게 사서 비싸게 팔 궁리만 한다. 매수매도 가격이나 손절매하는 타이밍의 기준은 사람마다 다르다. 머리를 싸매고 주식 공부를 하는 사람들 중에는 단타 매매를 하면 본업에 집중이 안 되고, 판단 착오로 돈을 잃을 수도 있으며, 주식을 사고파느라 생기는 수수료도 만만치 않아서 글로벌 우량 기업의 주식을 사서 오래 보유하는 것이 자신의 투자 성향과 맞다는 사람도 있다. 그래서 미국의 주요 기술주들에 관심을 갖고 해당 업계에서 시가총액이 가장 큰 회사에 투자한다고 한다.

부동산 투자도 이와 비슷하다. 수익이 높은 부동산은 가격이 비싸다. 강남의 부동산이 비싼 이유는 부자들이 사는 곳이기 때문이다. 자본주의 사회에서는 부자 동네에 좋은 인프라가 구축된다. 다른 지역보다 학군, 대단지, 생활 근린 시설, 교통 등이 유리하다. 상권도 확실하게 형성되어 있다. 그래서 비싼 가격을 치르면서 강남의 부동산에 투자하는 것이다.

5장

부지들의 돈 버는 습관

CHANGE ONE HABIT, CHANGE YOUR LIFE

부자는 합법적으로
절세하는 방법을 알고 있다

넬슨 록펠러는 말했다. "나는 모든 권리에는 책임, 모든 기회에는 의무, 모든 재산에는 세금이 따른다고 생각한다." 나는 14년 전에 배용준이 개인 소득세로 수입총액 329억 원에 대해 97억 5,000만 원을 납부했다는 뉴스를 보고 깜짝 놀란 적이 있다. 개인이 100억 원 가까운 세금을 낸다는 것은 상상하기 힘들었다. 이 책을 읽는 여러분도 100억 가까운 세금을 낼 수 있을 만큼 큰 부를 축적하기 바란다. 아울러 합법적으로 내야하는 세금을 최소화하는 방법도 미리 알아두기를 권한다. 절세란 세금을 내지 말자는 것이 아니라 내야 할 세금을 최소화하고 더 낸 세금은 당연히 돌려받는 것을 의미한다.

우리는 매년 연초가 되면 연말정산을 한다. 그런데 사람들은 연말소득공제 환급액에만 관심이 있지 본인이 1년간 세금을 얼마나 냈는지에는 관심이 없다. 세금을 얼마나 납부했는지도 모르니 당연히 세금을 줄일 방법을 찾지 못한다. 세금의 납부 구조상 근로자, 개인사업자, 법인 기업 중 근로자가 가장 불리한 세금 구조를 적용받고 있다. 세율과 세금 적용방식이 모두 근로자에게 가장 불리한 구조다. 적용 세율의 경우 근로자와 개인사업자는 동일하게 종합소득세율을 적용하고 법인 기업은 법인 세율을 적용한다. 기업이 살아야 직장인도 월급을 받을 수 있는 것이라고 생각하면 종합소득세보다 법인세를 적게 부과하는 것에 대해 이해할 수 있다.

법인 기업이나 개인사업자의 세금 적용방식은 소득에서 지출을 뺀 나머지에 세금을 부과한다. 반면에 근로자는 월급도 받기 전에 먼저 세금을 떼고 지급한다. 그리고는 연말에 연말정산을 통해 일부분의 지출만을 공제해주는 시스템이다. 이러한 구조를 보면 근로자 월급은 유리지갑이라는 말이 왜 나오는지 이해가 간다. 이것뿐만 아니다. 부가가치세의 경우 법인 기업과 개인사업자는 수입과 지출을 파악해 차액만 납부하면 되지만 근로자는 전부를 다 납부하는 구조다.

이렇게 불공평하다고 불평만 해서는 안 된다. 많이 납부하는 세금을 적게 납부할 수 있도록 공부를 해야 한다.

종합소득세율

과세표준	세율	누진공제액
1,200만 원 이하	6%	
1,200만 원 초과 ~ 4,600만 원 이하	15%	108만 원
4,600만 원 초과 ~ 8,800만 원 이하	24%	522만 원
8,800만 원 초과 ~ 1억 5천만 원 이하	35%	1,490만 원
1억 5천만 원 초과 ~ 3억 원 이하	38%	1,940만 원
3억 원 초과 ~ 5억 원 이하	40%	2,540만 원
5억 원 초과	42%	3,540만 원

법인세율

과세표준	세율	누진공제액
2억 원 이하	10%	-
2억 원 초과 ~ 200억 원 이하	20%	2,000만 원
200억 원 초과 ~ 3,000억 원 이하	22%	4억 2,000만 원
3,000억 원 초과	25%	94억 2,000만 원

현재 정부에서는 주택임대사업자들을 부동산 과열의 주범으로 생각하고 있다. 그간 혜택을 축소하고 특히 임대법인에 대해서는 더이상 추가 주택을 매입할 수 없게 세법을 강화했다. 정부의 부동산 정책은 주택가격 상승을 억제하는데 초점을 맞추고 있기 때문이다. 하지만 수익형 자산은 주택 말고도 얼마든지 많으며 나의 법인은 앞으로 신규투자 방향을 상가, 오피스텔, 태양광발전소 등으로 이동할 것이다. 아무리 정부에서 시장의 방향성을 뒤흔든다 해도 내 기업은 합법적인 방법으로 체질을 개선해가며 변화할 것이다.

부자는 절세 전문가다

투자를 하면 자산이 증가할 때마다 당연히 세금도 늘어난다. 세금 납부에 부담을 느끼고 절세하는 방법을 알아보면 자산의 명의를 변경해야 혜택을 받을 수 있는 상황이 벌어진다. 자산은 조금씩 느리게 증가하기 때문에 우리는 이러한 정보를 모르고 넘어가는 경우가 많다. 특히 부자들만 납부한다는 종합부동산세의 경우에는 취득 당시 적절히 명의를 배분하여 취득하면 세금을 불필요하게 납부하지 않을 수도 있다. 하지만 무조건 부부가 자산을 골고루 배분하는 것이 좋은 것만은 아니다. 외벌이 가정은 남편의 직장 의료보험에 아내와 자녀들이 가입되어 있다. 하지만 아내의 명의로 수익형 부동산을 취득하면 소득이 발생하여 국민연금, 건강보험을 별도로 납부해야 한다. 이렇게 복합적인 문제점이 있기 때문에 수익형 부동산에 투자하기 전부터 세금의 원리를 알아야 한다. 자산이라고는 사는 집밖에 없는 사람들은 부자들의 행복한 고민이라고 생각하며 관심을 갖지 않겠지만 부자가 되기를 열망한다면 미리미리 공부하여 절세하는 방법을 알아두어야 한다.

모든 상거래에는 세금이 부과된다. 세금의 종류는 많지만 자산투자에 필요한 세금만 정리해보겠다.

취득세, 등록세

아파트를 구입했다면 잔금 납부일에 법무사를 통해 취등록세를 납부

주택 취득세 요율표

취득방법	주택수 및 취득가액	전용면적	취득세	지방교육세	농어촌특별세
매매/교환	6억 이하	85㎡이하	1.0%	0.1%	비과세
		85㎡초과	1.0%	0.1%	0.2%
	9억 이하	85㎡이하	2.0%	0.2%	비과세
		85㎡초과	2.0%	0.2%	0.2%
	9억 초과	85㎡이하	3.0%	0.3%	비과세
		85㎡초과	3.0%	0.3%	0.2%
신축	주택	85㎡이하	2.8%	0.16%	비과세
		85㎡초과	2.8%	0.16%	0.2%
상속	무주택자		0.8%	0.16%	비과세
	유주택자	85㎡이하	2.8%	0.16%	비과세
		85㎡초과	2.8%	0.16%	0.2%
증여	주택	85㎡이하	3.5%	0.3%	비과세
		85㎡초과	3.5%	0.3%	0.2%

한다. 이때 꼭 알아야 할 사항은 6억과 9억 원이다. 부동산을 거래할 때 거래금액이 9억 원이면 다행이지만 9억 1,000만 원이면 고민이 될 수밖에 없다. 9억 원을 초과하는 경우 취득세율이 2%에서 3%로 증가하기 때문이다. 또한 중개 수수료율도 9억 원을 초과하면 0.5%에서 0.9%로 증가한다. 이런 차이만 알고 있어도 세금과 수수료를 절약할 수 있다.

주택 수와 규제지역에 따른 취득세율

	개인		법인
	조정 대상지역	비조정 대상지역	
1주택	1~3%	1~3%	
2주택	8%	1~3%	12%
3주택	12%	8%	
4주택 이상	12%	12%	

2020년 부동산 정책이 발표되면서 취득세 역시 변경되었다. 기존의 단순 매매가 기준에서 추가로 보유 주택의 여부에 따라 달라지고, 조정대상지역인지 아닌지에 따라서도 달라진다. 하지만 대부분의 지역이 조정대상지역이라고 보면 이해하기 쉽다. 특히 법인은 주택 취득 시 묻지도 따지지도 말고 취득세가 12%이니 가히 살인적인 세율이라 할 수 있다.

종합소득세

직장인이 구입한 부동산에서 임대료가 들어온다면 근로소득과 자산소득을 동시에 벌고 있는 것이다. 1월에는 연말정산을 통해 소득세를, 5월에는 종합소득세를 납부해야 한다. 종합소득세는 근로소득과 임대소득을 합산하여 다시 세금을 산정한다. 다시 말해 이미 납부한 근로소득세 납부내역에 임대소득을 추가하여 세율에 맞게 세금을 납부하는 것이다. 당연히 근로소득 세율이 15%인 경우는 임대소득도 15%이다. 간혹 임대소득이 높아 15%에서 24%로 올라가는 일이 발생하고 세금 폭탄을 맞을 수도 있다. 하지만 주택임대사업자로 신고를 한 경우에 근로소득과 합산해서 적용하지 않고 있으니 매우 유리하다. 앞으로 아파트는 주택임대사업자 등록을 할 수 없으니 주의하기 바란다.

근로소득이 많으면 임대소득에 대한 세금도 많아진다. 그러므로 부동산 취득 당시 부부 중 소득이 적은 사람 앞으로 명의를 해놓는 것이 유리하다. 하지만 아내가 소득이 없는 경우에는 남편의 근로소득과 임대소득을 합산한 세금, 아내의 국민연금, 건강보험료, 종합소득세를 합한 금액을 비교하여 선택해야 한다. 취등록세와 달리 매년 내야 하는 세금인 종합소득세는 더욱 신중히 준비해야 한다.

종합부동산세

종합부동산세를 낸다는 것은 부동산 부자라는 증거다.

- 주택: 인별로 보유한 전국 주택의 공시가격 합계액이 6억 원을 초과한 사람(단, 1세대 1주택자는 9억 원을 초과하는 사람).
- 종합 합산토지: 인별로 보유한 전국 종합 합산토지(나대지 등)의 공시가격 합계액이 5억 원을 초과한 사람.
- 별도 합산토지: 보유한 전국 별도 합산토지(주택을 제외한 건축물의 부속토지 등)의 고시 가격의 합계액이 80억을 초과한 사람.
- 법인의 주택을 보유한 경우: 기본공제(6억 원) 없이 단일세율을 적용하기 때문에 세금 폭탄을 맞을 수 있다(3~6%). 단, 2020년 7월 10일 이전 임대주택 신고자는

제외된다.

위의 항목을 합산하여 종합부동산 납부대상을 선정한다. 주의 깊게 봐야 할 부분은 부부 합산적용이 아니라는 점이다. 각각의 개인으로 계산하기 때문에 취득 당시 적절한 배분으로 세금을 피할 수 있다. 보유한 부동산의 시세를 계산하는 것이 아니고 공시가격을 적용하는 것이다. 시세보다 낮은 공시가격으로 적용하기 때문에 그 대상자가 생각보다 많지는 않다.

아내가 소득이 없을 때는 아내의 명의로 부동산을 취득하면 국민연금과 건강보험을 별도로 납부해야 한다. 아내는 소득이 없기 때문에 높은 자산을 보유한 사람들의 대상이 되는 것이다. 공시가격은 인터넷에 '국토해양부 부동산 공시가격 알리미' 사이트를 이용하면 쉽게 알아볼 수 있다.

마지막으로 알아야 할 정보는 사업용 부동산은 포함되지 않는다는 점이다. 다시 말해 소득신고를 하고 있는 임대형 부동산은 종합부동산세 과세대상에 포함되지 않는다. 종합부동산세 대상이 되는 일부의 자산을 수익형 부동산으로 신고하고 세금을 납부하면 종합부동산세 대상에서 제외될 수 있다.

양도소득세

부동산을 매도할 때 발생한 이익에 대하여 납부하는 세금이 양도소득

2020 양도세율(~2021. 5. 31까지)

구분			세율	누진공제액
1년 미만 보유	주택(조합원입주권포함)		40%	
	주택 외		50%	
1년 이상 ~ 2년 미만 보유	주택(조합원입주권포함)		일반세율	
	주택 외		40%	
2년 이상 보유	과세표준	1,200만 원 이하	6%	
		4,600만 원 이하	15%	108만 원
		8,800만 원 이하	24%	522만 원
		1억 5,000만 원 이하	35%	1,490만 원
		3억 원 이하	38%	1,940만 원
		5억 원 이하	40%	2,540만 원
		5억 원 초과	42%	3,540만 원
조정대상지역 주택분양권			50%	
미등기 자산			70%	

2021 양도세율(2021. 6. 1~)

구분			세율	누진공제액
1년 미만 보유	주택(조합원입주권포함)		70%	
	주택 외		50%	
1년 이상 ~ 2년 미만 보유	주택(조합원입주권포함)		60%	
	주택 외		40%	
2년 이상 보유	과세표준	1,200만 원 이하	6%	
		4,600만 원 이하	15%	108만 원
		8,800만 원 이하	24%	522만 원
		1억 5,000만 원 이하	35%	1,490만 원
		3억 원 이하	38%	1,940만 원
		5억 원 이하	40%	2,540만 원
		5억 원 초과	42%	3,540만 원
주택분양권		1년 미만	70%	
		1년 이상	60%	
미등기 자산			70%	

세이다. 국세청 홈택스 사이트에 들어가면 '양도소득세 자동계산'이 있어 매도 전에 양도소득세를 미리 알아볼 수 있다. 1주택일 때는 3년 이상 보유하고 매도하면 세금을 부과하지 않는다. 2주택 이상이거나 주택 외 상가, 공장, 토지 등을 매도할 때는 양도소득세를 납부해야 한다. 양도소득세율은 왼쪽 표를 보면 이해하기 쉽다.

양도소득세는 보유 기간과 양도차액(이익)에 따라 부과되는 세금이다. 양도소득세가 걱정되어 낮은 가격에 부동산을 처분하는 사람은 없을 것이다. 하지만 보유 기간을 확인하여 세금을 절약할 방법을 찾아야 한다. 양도소득세를 절약하는 가장 좋은 방법은 영수증을 잘 보관해놓는 것이다. 취득 당시 법무사 수수료 영수증, 공인중개사 수수료 영수증, 집을 수리한 비용 등의 영수증을 잘 모아두면 좋다. 양도소득세를 낼 때 세무사가 영수증을 확인하여 공제 가능한 영수증을 처리해 줄 것이다. 건물의 경우 새시 교체, 누수, 결로 공사 등에 대해서도 공제대상에 포함시켜 주고 있다. 나는 부동산 파일을 만들어 모든 영수증을 보관하고 있다. 매도할 때 부동산 파일을 가지고 가서 세무사와 미팅을 하며 필요한 영수증을 근거로 제출한다.

세금은 부자가 될수록 많아질 것이다. 부자들은 세금의 부과 방법과 원리, 절세하는 방법을 잘 알고 있다. 여러분도 부자가 될 것이 분명하기 때문에 세금을 공부해야 한다.

사기를
당하지 않는 법

부자들은 쉽게 돈을 버는 것을 경계한다. 돈을 많이 벌 수 있다고 감언이설로 유혹해도 자신이 모르는 분야는 관심을 두지 않는다. 워런 버핏도 "투자는 이성적이어야 한다. 이해할 수 없으면 투자하지 말아야 한다"고 했다. 그러나 일반인들은 이왕이면 돈을 쉽게 벌기를 바라고 주식이든 부동산이든 돈이 된다는 얘기만 들으면 불나방처럼 모여든다. 실제로 금융사기, 사기 분양의 대상은 부자가 아니라 서민인 경우가 많다. 왜일까? 상식적으로 생각하고 합리적으로 의심을 하는 부자는 속지 않기 때문이다.

나는 8% 이상의 수익률을 안겨줄 만한 상품을 찾고 있다. 나의 전담 공인중개사는 그 정도 수익률이 나오는 건물이 없으니 눈높이를 낮추라고 권유한다. 그런데 가끔 부동산 투자를 권유하는 전화를 받는데 수익률이 15%나 되는 상가가 있다면서 투자만 하면 대박이 날 것처럼 말한다. 진짜로 그런 투자 상품이 있다면 굳이 전화를 하지 않아도 이미 다 팔렸을 것이고 심지어 프리미엄이 붙어서 거래되고 있을 것이다.

사람들은 공인중개사나 분양사 직원에게 '역세권이다', '대형마트와 영화관이 들어온다'는 말을 들으면 귀가 솔깃해진다. 그러나 대부분은 사실이 아니다. 사기를 당한 사람은 사기꾼에게 욕설을 퍼붓지만 그런 사기꾼 말만 믿고 투자한 책임은 결국 내가 져야 한다.

요즘 가로수 사이사이에는 각종 광고 현수막들이 서로 경쟁하듯 걸려 있다. 자세히 보면 광고 현수막 중 대부분은 미분양 아파트, 오피스텔, 전원주택, 다세대 주택 등 부동산 투자와 관련한 것이다. 나는 거리를 지나면서 그 현수막들을 쭉 읽어본다. 거리에서 볼 수 있는 광고 현수막 중에 과연 좋은 투자대상의 물건은 없는 것일까.

지금도 기억나는 현수막 문구가 있다. "1억에 3채, 월 180만 원!" 나는 이 현수막을 보고 1억 원에 세 채를 주는 것도 대단한데 월 180만 원을 준다니, 하고 깜짝 놀랐다. 이것이 사실이라면 엄청난 수익이 기대되는 아주 좋은 투자대상이다. 과연 그렇게 엄청난 수익을 낸다면 저런 광고 현수막을 내걸 필요가 있었을까. 현수막을 거리에 걸기도 전에 100% 분양 완료는 물론 프리미엄까지 붙었으리라.

무지에 탐욕이 더해지면 사기를 당하기 쉽다. 평소에 이성적인 사람도 탐욕이 생기면 의사결정을 할 때 감정적으로 판단한다. 사기꾼들은 이런 인간의 본능을 이용해 단기간에 돈을 벌게 해주겠다며 사기를 친다. 사기는 몰라서 당하지만 탐욕 때문에 당하는 경우가 더 많다. 내가 아는 영역에서 욕심을 부리지 않으면 사기를 당하는 일은 없다. 부자는 무슨 투자를 하든 주변 인프라가 어떻게 형성되어 있는지를 꼼꼼하게 시장조사부터 한다. 동네 답사를 다니고 발품을 판다. 광고만 믿고 덥석 투자하지 않는다. 부자는 자신의 판단을 가장 신뢰한다.

.

자수성가한
부자가 사는 법

부자는 돈을 쓰는 원칙이 있다

TV 드라마에서 그려지는 부자는 돈을 물 쓰듯이 쓴다. 고급 외제차를 타고 발레파킹이 되는 식당에 가서 지배인이 추천하는 비싼 음식과 와인을 마신다. 보트를 타고 호화 휴가를 즐긴다. 안방마님은 백화점 명품 숍에 가서 매장에 있는 것을 싹쓸이하다시피 한다. 그러나 드라마는 과장해서 보여줄 뿐이다. 한 푼 두 푼 모으고 투자해서 부자가 된 사람들은 이렇게 생활하지 않는다.

자수성가한 나는 40세가 되기 전까지 회사차를 타고, 명품 브랜드는 사지 않고, 돈 쓰는 일에 매우 조심스러웠다. 먹고 싶은 것 안 먹고, 놀고 싶을 때 안 놀고, 마른 수건도 다시 짜며 살아온 습관 때문에 돈을 낭비하지 않는다. 아무리 돈이 많아도 과소비를 하면 내 몸에 맞지 않는 옷을 입은 것처럼 마음이 불편해진다.

나는 고등학교에 다니는 두 아이가 있는데 용돈이 다른 아이들에 비해 상대적으로 매우 적다. 전달에 지급한 용돈을 어디에 어떻게 사용했는지 내역(용돈기입장)을 제출하지 않으면 다시는 용돈을 받을 수 없다. 항상 아이들에게 아버지가 부자인 것이지 너희가 부자인 것은 아니라고 강조한다. 자녀들은 스스로 부를 일구어 나가야 한다.

부자는 검소함이 몸에 배어 있다. 워런 버핏이 오랜 친구들과 골프를 쳤다. 보험사 사장 잭 번이 10달러의 보험료를 내면 홀인원을 할 경우 1만 달러의 보험금을 내겠다고 제안했다. 사람들은 게임에 응했지만 워런 버핏은 막연한 성공률에 비해 보험료가 너무 비싸다고 말했다. 친구들은 고작 10달러에도 인색한 버핏을 이해할 수 없었다. 버핏은 이렇게 말했다. "작은 일에 기준이 없다면 큰일에도 기준이 없어질지 모른다네." 《하버드 부자 수업》에 나오는 일화다. 부자들은 돈을 지출할 때는 원칙이 있다. 기분에 따라서 지출하지 않는다. 이런 원칙이 있기 때문에 큰돈을 투자할 때도 판단력이 흔들리지 않는다.

부자는 자기관리와 시간관리가 철저하다

테슬라의 최고경영자 일론 머스크는 우주탐사기업 스페이스X의 CEO이자 태양광업체 솔라시티의 회장이기도 하다. 그는 일주일에 120시간씩 일하는 일벌레로 유명하다. 그는 시간 단위를 5분 단위로 관리하며 산다고 한다. 사람들은 돈을 낭비하는 것에는 문제의식을 가지고 있으면서도 시간을 낭비하는 것은 대수롭지 않게 여긴다. 시간을 어떻게 활용하느냐에 따라 인생의 성패가 좌우된다. 우리는 누구나 공평하게 하루 24시간(1,440분 또는 86,400초)을 선물로 받는다. 그중 먹고 자고 생리적 욕구를 해결하는 시간을 제외한 나머지 시간이 인생의 방향과 질을 결정하는 기회의 시간이다. 시간 낭비를 줄이려면 무엇보다 먼저 얼마나 많은 시간을 낭비하고 있는지 구체적으로 파악해두는 것이 좋다.

초(秒)관리 경영을 하는 어느 회사는 초당 원가를 계산해 현장 여기저기에 붙여놓았다. 예를 들어, 보고서를 한 장 작성하는데 30분이 걸렸다면, 이것은 하루 근무 시간(8시간, 480분)의 16분의 1에 해당한다. 그런데 만약 그 직원의 초당 원가가 20원이라면, 20원x1,800초=36,000원이 보고서를 작성하는 원가임을 알 수 있다. 보고서를 작성하는 시간을 5분 단축했다면 그 전에는 그저 작성 시간을 6분의 1로 줄였다는 느낌밖에 받지 못하는데 초당 원가를 계산하면 6,000원을 절감했다고 명확하게 알 수 있다. 이것은 업무에만 해당하는 것이 아니라 커피를 마시는 시간도 원가를 환산할 수 있다.

커피 한 잔 마시는 데 소요되는 시간 10분(600초)= 12,000원

부자들은 시간은 돈이라는 생각이 머릿속에 콕 박혀 있다. 나 역시 그렇다. 나는 수익형 부동산을 많이 가지고 있어서 월세 계약을 하는 일이 많다. 약속시간에 도착하는 순서는 언제나 비슷하다. 항상 건물주가 먼저 오고 세입자가 가장 늦는다. 이것은 각종 모임이나 비즈니스 미팅을 할 때도 마찬가지다. 약속장소에 가장 먼저 오는 사람은 늘 소득이 많은 사람이다. 돈 많은 부자들이 할 일이 없어서 가장 먼저 오는 것이 아니다. 자기관리와 시간관리가 철저하기 때문이다.

부자는 돈을 지키는 것에 더 비중을 둔다

안전한 투자는 없다. 반드시 리스크가 있게 마련이다. 워런 버핏은 두 가지 원칙을 제시했다. 첫째는 '절대로 돈을 잃지 말라'이고 둘째는 '반드시 첫 번째 원칙을 지키라'는 것이다. 부자는 투자를 할 때 이 원칙을 반드시 지킨다. 물론 리스크 없이 고수익을 얻을 수는 없다. 그래도 이익을 많이 보려고 하기보다는 돈을 잃지 않는 것에 더 중점을 둔다. 소중하게 모은 돈을 잃는 것보다는 작은 이익이라도 얻는 것이 더 낫다.

부자는 서비스 마인드가 있다

독일의 뮌스터 대학과 마인츠 대학이 공동으로 130명의 백만장자를 대상으로 사회경제적인 특성과 기질을 연구했다. 그들은 성실하고, 정서적으로 안정되어 있고, 자기 통제를 잘하는 사람들이었다. 이 연구결과를 두고 학자들은 부자일수록 균형감각과 융통성이 있으며, 집중력이 뛰어나다고 평가했다. 나는 이 연구결과를 보고 사람들에게 호감을 사기위해 서비스 마인드를 갖추려고 노력했다. 옷차림을 단정하게 하고 예의를 갖춰 말하며 반듯하게 행동했다. 메일을 보낼 때도 격식을 갖췄다. 매너는 상대를 존중하고 배려하는 자세다. 이런 매너가 품격으로 드러난다.

부자는 많은 사람들에게 좋은 경험을 제공한다

엠제이 드마코의 저서 《부의 추월차선》에는 많은 수입을 올리는 비결이 나온다. 그것은 많은 사람들에게 영향력을 미치는 것이다. 영향력의 범위가 넓어질수록 수입을 얻을 수 있는 기회도 확대된다. 억만장자들이 사업을 해도 국내에 머물지 않고 세계시장으로 진출하는 이유다. 영향력은 고객의 니즈를 파악하고 그것을 해결해줄 때 증폭된다.

해외여행을 패키지로 가면 이건 구경이지 여행이 아니란 생각을 하곤 했었다. 호텔에서 자고 가이드가 이끄는 대로 여행지를 구경하다 오는 느낌이 들었다. 그런데 에어비앤비가 오래전 내 생각을 읽었는지 '주거 공간을 공유하여 모르는 사람을 집에서 재워준다' 이런 아이디어로 사업을 시작했다. 좋은 여행 경험을 제공하니 당연히 전 세계 사람들이 열광했다.

사람들에게 즐거움을 주고 색다른 경험을 하게 만들면 돈은 따라온다. 이것이 부자들의 생각법이다. 즐거운 경험과 돈은 등가 교환된다.

부자는 파워 인맥을 만든다

세계 최대 항공특송업체인 페더럴익스프레스를 창립한 프레드 스미스는 만나는 사람들에게 이 말을 빼놓지 않고 했다고 한다.

"최근에 만난 사람 중에 인상적인 사람이 있으면 소개해 주십시오."

그는 여러 사람들을 만나서 새롭고 유용한 정보를 얻고 세상의 흐름을 읽는 안목을 키웠을 것이다. 부자들은 늘 인재를 만나고 싶어한다. 의식적으로 자기와 생각이 다른 사람들과 어울리려고 노력한다. 나 역시 필요한 인재를 만나는 것을 좋아한다. 돈은 사람이 가져오기 때문이다. 일반 직장인이나 엔지니어들은 업무능력이나 기술이 뛰어나야 봉급을 많이 받을 수 있지만 부자들은 그렇게 생각하지 않는다. 자기 회사에 뛰어난 직원이나 기술자를 채용하면 된다. 부자들이 시스템을 관리하려면 좋은 인재가 많이 필요하다. 나는 각 분야에 정통하지 못하다. 하지만 누가 그 분야의 전문가인지만 파악하고 그들과 친하게 지내고 있다. 내가 필요할 때 전문가와 통화할 수 있고 만나서 궁금한 것을 물어볼 수 있으면 된다.

혼자 빛나는 별은 없다. 아무리 노력해도 혼자서는 일에 한계가 있다. 혼자 힘으로는 성공할 수 없다. 다른 사람의 지원과 협력이 필수적이다. 부자의 네트워크는 살아 숨 쉬는 자산이다. 이 네트워크를 통해 결정적인 순간에 농축된 조언을 얻을 수 있다.

1. 필요한 사람이 되라. 상대방이 원하는 필요를 충족시켜 주어야 한다. 그에게 없어서는 안 될 존재가 되라. 상대를 도울 일이 있으면 내 일처럼 도와주라. 순수하게 도운 1퍼센트의 힘이 상대방에게는 큰 힘이 될 수 있다. 대가 없이 도왔을 때 그것이 메가톤급으로 돌아온다.

2. 먼저 주는 사람이 되라. 관계는 '주고받기(Give & Take)'가 기본이다. 먼저 주어야 한다. 상대방이 기대하는 것보다 더 많은 것을 주면, 분명히 기대하는 것보다 더 많은 것을 얻게 될 것이다. 경조사에는 빠짐없이 참석하라. 특히 애사는 필히 참석하는 것이 좋다.

3. 포수보다 투수가 되라. 상대의 연락을 기다리지 말고 먼저 연락해라. 인연은 기다리는 자의 몫이 아니고 만드는 자의 결실이다.

4. 인연을 나누고 유통시켜라. 인연의 중매쟁이가 되라. 풍성한 인맥을 가진 사람들의 공통점은 인맥을 공유하는 데 적극적이라는 것이다. 귀중한 인연을 오래 간직하려면 인맥을 퍼뜨리고 나누는 게 필수다. 그것이 인맥을 동심원으로 확장해나갈 수 있는 비결이다.

5. 파워 인맥을 만들어라. 인맥 관리는 인생 관리나 다름없다. 열성 팬을 만들어라. 열성 팬은 도움을 청하지 않아도 어떤 도움을 줄 것인지 먼저 고민한다. 그 사람의 인맥을 보면 그의 사회적 위치나 인품을 알 수 있다.

6. 부자들은 귀가 크다. 부자들은 자신이 잘 아는 일이라고 해도 웬만하면 남의 의견을 들어 요모조모 따진 후에 결정한다. 부자들은 비판에도 귀를 기울이며 자신이 포착하지 못한 측면을 받아들이는 진지함을 보여준다. 부자들 주변에는 부동산이나 주식 투자에 해박한 사람들이 많다. 그들이 다른 사람의 투자 실패 사례를 얘기하면 부자들은 열심히 듣는다. 그런 정보를 머리에 입력해 놓았다가 투자에 앞서 꼼꼼하게 짚고 넘어간다. 세상에 해롭기만 한 비평은 없다.

공부하지 않는 부자는 없다

사람들은 '누가 주식으로 얼마를 벌었다더라', '어디 부동산을 샀더니 얼마가 올랐다더라' 같은 결과에만 주목한다. 부자들이 공부하고 발품을 팔면서 안목을 넓힌 노력의 과정은 배우려고 하지 않는다. 공부하지 않고 부를 축적한 사람은 없다. 부자들은 경제전문가 못지않게 경제에 대한 이해력이 뛰어나고 해박한 지식을 가지고 있다. 그들은 날마다 경제신문을 읽고 경제 이슈나 정치 분야에 관심이 많다. 부자는 자산을 늘리고 지키기 위해서 끊임없이 공부한다. 위대한 투자가들의 혜안을 배우려고 한다. 부자 되는 법은 남이 안 가르쳐주기에 스스로 배워야 한다. 안목은 절대 남에게 빌릴 수 없다. 가치를 보는 눈은 스스로 키워야 한다.

나에게 투자하는 것이 가장 확실한 투자다. 책을 읽고 강의를 들어라. 외국어를 공부하라. 자격증을 따라. 관심 분야의 세미나에 참석하라. 운동을 하라. 아낄 때는 아껴야 하지만 자기계발과 경험을 쌓는 일에는 돈을 아끼지 마라.

부자는 자녀를 자본가로 키운다

미 연방준비제도이사회 의장을 역임했던 앨런 그린스펀은 다섯 살 때부터 주식 중개인이었던 아버지에게 금융교육을 받았다고 한다. 아이가 자본가로 살기 바란다면 당장 할 수 있는 쉬운 일이 있다. 증권 통장을 하나 만들어주면 된다. 아이가 좋아하는 게임이나 식품, 패션, 스마트폰 제조 회사에 투자하면 자연스럽게 관심을 갖기 시작한다. 부모와 대화하면서 경제, 금융 용어에도 익숙해지고, 사업가의 책도 찾아서 읽는다. 이런 아이는 공부하라고 잔소리하지 않아도 스스로 공부를 한다. 이런 교육은 아이가 자립하는데 큰 도움이 된다.

유대인들은 아이가 어릴 때부터 경제·금융을 가르친다고 한다. 이를 통해 소비, 절약, 저축, 투자에 대해 가족이 편하게 얘기하는 분위기가 만들어진다. 유대인이 세계 경제를 쥐락펴락하는 것은 돈을 다루는 능력이 뛰어나기 때문이다.

돈은 휴먼 비즈니스에서
열매를 맺는다

가난하고, 배운 것 없고, 세상 물정을 모르는 사람이 부자가 되었다면?
사람들은 그 비결을 궁금해한다. 자본이 있고, 많이 배우고, 세상의 이치
를 꿰뚫는 혜안이 있어야 부자가 될 수 있다는 선입견이 있기 때문이다.
자수성가한 부자들은 일반인이 부자가 되지 못하는 핸디캡으로 여기는
것들을 극복한 사람들이다. 자동차왕이라 불리는 헨리 포드가 대표적인
사례다. 대량생산 방식을 도입해 자동차를 대중화시킨 그의 성공 비결은
휴먼 비즈니스였다. 그에게 배우고 싶은 부의 습관은 '타인의 입장이 되
어서 모든 것을 생각하는 것'이다. 타인의 생각을 이해하고 자신의 입장
과 아울러 상대방의 입장에서 사물을 바라볼 줄 아는 능력이 그를 부자의
반열에 올려놓았다. 포드는 이 능력을 십분 활용해 발명왕 토머스 에디

슨과 친구가 되었고 명석한 사람들과 마음을 터놓고 교제하면서 눈부신 성장을 하기 시작했다. 자본과 학력보다 우선인 것은 다른 사람의 사고력, 소질, 지성이나 경험에 영향을 받고 그것을 흡수하여 내 습관으로 만드는 일이다.

"빨리 가려면 혼자 가고, 멀리 가려면 함께 가라"는 아프리카 속담이 있다. 부자가 되려면 주변에 같은 목적을 가진 동반자가 반드시 필요하다. 인격적인 성장을 하고, 하는 일이 번성하려면 어떤 사람과 가까이하느냐가 중요하다. 사람이 재산이다. 그 재산을 늘리려면 먼저 자신의 자산 가치를 키우는 것이 선결 과제이다. 남에게 도움을 주기 위해서는 스스로 더욱 성장해야 한다.

돈은 휴먼 비즈니스에서 열매를 맺는다. 부자 주변에 본받을 만한 좋은 습관을 가진 사람들이 포진하고 있는 이유는 부자 자신이 그런 사람이기 때문이다. 부자는 모나지 않고 둥글게 생활한다. 타인에게 폐를 끼치는 일이 없고, 지위 고하를 막론하고 겸손하게 인사하고, 엘리베이터를 타고 내릴 때 상대방을 배려하고, 상대의 좋은 면을 찾아 칭찬하고, 남이 잘되면 자기 일처럼 기뻐하고, 존중하는 마음을 품위를 갖춰 표현한다. 휴먼 비즈니스는 거창한 일이 아니다. 상대방의 입장에서 생각하고 존중하고 배려하는 태도가 유익한 결과를 가져온다.

《심리학이 이렇게 쓸모 있을 줄이야》의 저자 류쉬안은 소통을 잘하는 사람의 몇 가지 특징을 소개했다. 그중에서 눈에 띄는 것은 타인의 경험과 논점에 개방적인 태도였다. 소통을 할 때 호기심이 강하고 고도의 집중력을 보이는 사람은 단순히 예의가 바르거나 인내심이 강해서가 아니라 '개방적인 태도'를 갖추고 있기 때문이라는 것이다. 관심과 배려는 상대방의 입장에서 생각하는 것에서부터 시작된다. 부자가 되려면 대부분의 부자가 갖춘 역지사지의 마음을 잊지 않기를 바란다. 사람의 마음을 얻는 자에게 돈은 흘러들어온다.

부자는 인간관계를 장기적으로 내다본다

영업과 서비스 마인드가 있는 사람은 누구를 만나든 고객처럼 대하는 자세를 유지한다. 진정성이 있고 관심과 애정을 보여준다. 이렇게 만나는 사람들을 돈을 벌어주는 고객처럼 소중히 대하면 좋은 사람을 몰고 온다.

부자는 친화력이 뛰어나다. 사교적이다. 사람들과 어울려 살아가기를 즐기며 그 속에서 부를 축적하는 기회를 공유한다. 창업해서 성공한 사람들에게 물어보면 직장에 다닐 때 상사나 동료, 부하직원들, 거래처, 협력업체와 돈독한 인간관계를 맺었다는 공통점이 있다. 사업의 밑천은 신용과 신뢰, 그리고 돈독한 인간관계이다.

부자는 인간관계를 장기적으로 내다본다. 그래야 상대방을 더 존중하고 서로가 윈윈할 수 있는 방법을 찾게 된다. 인간관계를 단기적으로 바라본다면 상대방이 내게 어떤 이득을 가져올지에만 초점을 맞춰 결국 상대방을 자신의 목표를 달성하는 데 필요한 도구로 바라보게 된다. 자신의 이득을 위해서 타인을 이용하면 진정한 친구도 없이 외로운 처지가 될 것이 분명하다.

부자들은 장기적인 관점에서 관계를 형성하고 신뢰를 쌓아가는데 이는 재정적인 면에서도 큰 도움이 된다. 이들은 늘 가족, 친구, 고객을 위해 어떤 선택이 최선이며 할 수 있는 게 무엇인지 고민한다. 부자들은 타인의 고민을 들으면 그 문제를 해결해주기 위해 자신의 네트워크를 활용한다. 공동의 이익을 추구할 수 있어야 관계가 오래 지속된다. 부자들은 오히려 친해지기 위해 공동의 이익을 만들어준다. 공동 투자를 하거나 비즈니스 관계를 만들기도 한다.

부자가 되려면 인맥을 잘 쌓아야 한다. 평소에 인연을 소중히 여기고 관계를 중시해야 비즈니스에서도 성공할 수 있다. 성공하고 싶다면 먼저 사람을 얻어야 한다. 성공의 8할은 사람으로 채워진다. 성공한 사람은 성공했기 때문에 사람들을 주변으로 불러모은 것이 아니라 늘 자신의 곁에 성공에 꼭 필요한 사람들을 끊임없이 불러모았기 때문에 성공한 것이다.

진짜 부자는
과욕을 다스린다

　부자들 중에는 계영배(戒盈杯)로 술을 마시면서 과욕을 다스리는 사람들이 있다. 계영배는 '가득 채움을 경계하는 술잔'이다. 잔 속에 기둥을 세우고 그 속에 구멍을 뚫어 술이 70퍼센트 정도 차오르면 잔 속의 술이 모두 밑으로 흘러내리게 만들었다. 그래서 꾹꾹 눌러 가득 채울 수 없다. 조선 후기의 거상 임상옥은 국경지대에서 인삼 무역권을 독점해 막대한 재화를 벌어들였지만 계영배를 늘 옆에 두고 과욕을 다스렸다고 한다. 사람의 욕심은 한도 끝도 없다. 돈이 많으면 씀씀이가 커지고, 사치하게 되고, 게을러지고, 방탕한 생활을 하기 쉽다. 돈은 가치있게 쓰는 사람에게는 유익을 주지만 절제하지 못하는 사람에게는 위험한 흉기가 되어 인생을 망치게 한다.

내 주변에는 돈을 담을 수 있는 그릇이 큰 사람이 있다. 그는 절제하고 순리를 거스르지 않고 과욕을 부리지 않는다. 그런데 그릇도 작고 능력도 없는 사람이 돈에 집착하고 호사를 부리고 싶어하는 것을 많이 보았다. 재테크를 할 때도 고수익을 얻은 사람이 적절한 시점에 자산 배분을 못 해서 결국 투자원금을 잃는다. 과욕 때문이다. 적절한 타이밍을 놓치는 것, 재무상태가 건전하지 않은데 무리하게 빚을 내서 투자하는 것도 과욕 때문이다.

《백 년을 살아보니》의 저자 김형석 교수는 "재산은 자기 인격만큼 가지는 것이 좋다. 분에 넘치는 재산은 짐이 되어 인격이 손상되고, 고통과 불행을 초래한다. 살아보니 경제적으로는 중류층, 정신적으로 상류층으로 사는 사람들이 행복하더라"고 했다. 소인배 같은 인격을 가진 사람에게 많은 돈이 주어지는 순간부터 불행이 시작된다. 과욕을 다스리지 못하기 때문이다. 자기 인격에 담을 수 있는 돈이 어느 정도인지 생각해보면 분수에 맞게 살 수 있다. 무조건 많은 돈을 벌고 싶은 탐욕만 있어서는 설령 부자가 되더라도 그 소중한 돈을 지키고 유지할 수 없다. 정신적으로 상류층이 되기를 바란다. 진짜 부자는 돈만 많은 것이 아니라 내면이 풍요롭다.

아시아 최고 부자로 알려진 리카싱 회장은 탁월성과 교만 사이에서 균형을 찾으려는 마음 자세를 수치화한 '자부지수(自負指數)'가 있었다. 그의 자부지수 계산 방식에는 네 가지 기준이 있다.

나는 지나치게 교만하지 않은가?

나는 바른말을 받아들이지 않고 거절하는가?

내 언행이 가져올 결과에 책임지길 원하는가?

나는 문제를 해결하는 통찰력이 부족하지는 않는가?

이 네 가지를 항상 자문자답하면서 스스로를 경계하라. 자부심이 지나쳐 오만한 자아도취에 빠진 인생은 실패를 피할 수 없다. 항상 교만하지 않게 스스로를 경계하는 것이 진정한 성공 비결이다.

반복되는
행운은 실력이다

안 좋은 일이 생겼을 때 '그래도 다행인 이유'를 생각하는 사람이 있고, "재수 옴 붙은 날이군. 난 지지리도 운이 없어!'라고 생각하는 사람이 있다. 행운은 상황이 좋든 나쁘든 항상 긍정적인 생각을 하는 사람에게 찾아오고, 매사를 부정적으로 생각하고 불평불만만 늘어놓는 사람에게는 오다가도 달아나 버린다.

평생 운이 좋은 사람도, 평생 운이 나쁜 사람도 없다. 나에게 찾아오는 운을 어떤 자세로 받아들이느냐가 중요하다. 에이브러햄 링컨은 실패하면 기운을 차리고 일어나면서 이렇게 말했다고 한다. "괜찮아, 길이 약간 미끄럽긴 해도 낭떠러지는 아니야." 만약 링컨이 냉정한 세상과 현실을 비관하고 다시 도전을 하지 않았다면 그는 대통령이 되지 못했을 것이다. "저 사람은 참 성실하고 열심히 사는 것 같아. 이런 사람을 도와주지 않으면 누굴 도와주겠어!" 이런 소리를 듣는 사람에게는 반드시 운이 따른다.

운이 좋아서 인생이 잘 풀리는 사람이 주변에 있다면 관심을 가지고 잘 살펴보라. 평소에 잘 웃고 다른 사람을 기분 좋게 해줄 것이며, 실력이 있는데도 거만하지 않고 상냥함을 겸비했을 것이며, 순진한 아이처럼 호기심이 많아서 모르는 것은 질문할 것이며, 타인이 실수를 해도 관대하게 대할 것이며, 대가를 기대하지 않고 먼저 베풀 것이다.

나폴레옹은 평민 출신이었고 체구가 작고 성격이 급한 이탈리아계 청년 장교였다. 그러나 그는 10여 년 동안 모든 전쟁사를 연구하고 실전에서 이길 수 있는 전략을 구상했으며, 자신에게 행운을 불러들이고 다른 사람들과 열정을 공유하는 법을 터득했다. 그 결과를 우리는 모두 알고 있다. 그는 유럽의 절대 권력자가 되었다. 나폴레옹은 우수한 전투력과 관리력을 가진 장교를 추천받으면 "그에게 운이 있더냐?"라고 참모들에게 물어보았다고 한다. 그는 똑같은 조건이라면 운 좋은 사람을 가까이 두려고 했다. 좋은 운을 가진 사람의 기세는 아무도 거스를 수 없기 때문이다.

인텔 회장을 역임했던 앤드루 그로브는 네 살 때 성홍열을 앓아 한쪽 귀가 잘 들리지 않았다. 헝가리 출신 유대인이라는 이유로 생존을 위해 이름을 세 번이나 바꿔야 했다. 이쯤 되면 그는 지지리도 운이 없는 사람이었다. 그러나 이를 악물고 공부에만 집중하여 미국 버클리 대학교에서

전자공학 박사 학위를 받았고, 여러 기업에서 스카우트하려는 인재가 되었다. 그는 당시 세계 최고의 인재들이 모인 벨렙의 손길을 뿌리치고 페어차일드 반도체라는 신생기업을 선택했다. 그 결정은 그의 인생에서 가히 운명적이라 할 만했다. 그곳에서 엔지니어 겸 과학자였던 로버트 노이스와 '무어의 법칙'으로 유명한 고든 무어를 만났다. 그리고 세 사람은 의기투합해 인텔을 설립했고 세계 최고의 기업으로 성장시켰다.

앤드루 그로브의 삶을 보면 삼성그룹 이병철 회장이 자주 했다는 말이 생각난다. "사람은 능력만으로는 절대 성공할 수 없다. 때를 잘 만나고 사람을 잘 만나야 한다. 그보다 더 중요한 것은 운이 트일 때까지 버텨낼 수 있는 끈기와 근성이다."

찾아온 운을 움켜쥐려면 운을 담을 수 있는 그릇을 만들어야 한다. 그래야 운을 함께 나눌 사람을 만나고 좋은 기회를 살려낼 수 있다. 만약 지금 운이 없어서 고전하는 중이라고 생각한다면 현재 상황이나 환경은 지금까지 내가 해온 생각과 행동의 결과란 점을 잊지 마라. 반복되는 운은 실력이다. 실력을 기르고 운이 트일 때까지 끈기와 근성으로 버텨내라. 큰 부자는 하늘이 낸다는 말은 이런 의미일 것이다.

입체적인 사고로
한발 앞서 나간다

〈포브스〉의 편집장 스티븐 포브스는 전 세계 부호들의 성공 비결을 연구했다. 몇 가지 공통점을 발견했다. 그것은 선견지명, 집중력, 꾸준함, 비판 수용력, 용기 등이었다. 그중 선견지명이 많은 비중을 차지했다. 부자들은 미래를 한발 앞서 예측해 준비하고 적응한다. 그들에게는 동물적 감각과 직관이 있는 것 같다. 어디선가 읽은 내용인데, 삼성 이건희 회장은 입체적인 사고를 강조했다고 한다. "단순히 영화 하나를 보더라도 주연 입장, 조연 입장, 좋은 사람, 악당, 작가 입장, 영화가 사회에 미칠 영향, 카메라맨의 앵글 처리 등 다양한 입장과 시각으로 보면 영화가 새롭게 보인다." 부자들이 선견지명이 있는 것은 다른 관점으로 바라보기 때문일 것이다.

아내는 상점에 가면 무엇을 팔고 가격은 얼마인지 궁금해한다. 그런데 나는 상점의 투자비용, 월세, 월 지출액, 월매출, 실수익 등이 궁금하다. 그리고 그 상점이 입점해 있는 건물의 가격, 건물 전체의 임대료, 유동인구 등을 머릿속으로 분석한다. 이것은 늘 투자자의 시각으로 접근해온 습관 때문이다. 주식으로 큰돈을 번 내 친구는 잘 팔리는 상품이나 서비스를 발견하면 그 회사의 주식을 살펴본다. 그 또한 투자자의 시각으로 접근해온 습관 때문이다. 월가의 영웅으로 불리는 피터 린치(Peter Lynch)는 말했다. "여러분이 약간의 신경만 쓰면, 직장이나 동네 쇼핑 상가 등에서 월스트리트 전문가들보다 훨씬 앞서 굉장한 종목들을 골라 가질 수 있다." 좋은 투자 종목은 주위를 둘러보면 얼마든지 찾을 수 있다.

부자가 되려면 관심과 창의적인 마인드가 필요하다. 창의의 본질은 기존의 것에서 연결방식을 새롭게 조합하는 것이다. 그렇게 하려면 스스로 질문을 해야 한다.

삼성 이건희 회장이 신라호텔의 한 임원에게 질문했다.

"호텔사업의 본질이 무엇이라 생각합니까?"

그 임원은 서비스업이라고 대답했다. 이건희 회장은 사업의 본질을 다시 파악하라고 지시했다. 기대한 답이 서비스업이 아니었기 때문이다. 이건희 회장은 스스로 질문을 하고 호텔사업의 본질을 찾아냈을 것이다. 호텔사업은 장치산업과 부동산에 가깝다. 입점지에 따라 사업의 성패가 갈리고 새로운 시설로 고객을 끌어들여야 하기 때문이다.

지금 초일류기업들은 모두 세상의 변화를 한 발 앞서 통찰하고 막대한 부를 쌓는다. 넷플릭스는 영화관을 소유하지 않았다. 동영상 스트리밍 서비스로 돈을 벌고 있다. 기존의 방식과 전혀 다른 사업 모델을 통하여 성공했다. 부자들은 산업의 흐름을 이해하기 위해 분석하고 연구한다. 이렇게 집중하는 관심 때문에 판단력은 더 향상된다.

요즘 우리는 '4차 산업혁명'이란 말을 심심치 않게 듣는다. 향후 몇 년 안에 인공지능, 자율주행차, 전기차와 2차전지, 증강현실, 드론, 신재생 에너지 등은 크게 성장할 것이다. 새로운 기술 흐름을 연구하고 분석해야 하는 시점이다. 우리의 소득과 투자 성과가 산업의 흐름과 기업의 성장에 달려 있기 때문이다.

장애는 돌파해야지
비켜가는 것이 아니다

우리가 일하는 직장에서는 이런 말을 종종 들을 수 있다.

"지금의 인원으로는 그 일을 해내기 어렵다!"

"예산이 턱없이 부족하다!"

"마감 시간을 맞추기 어렵다!"

우리는 조금 어렵다 싶은 일은 해보겠다며 시도를 하지 않는다. 개인이든 조직이든 문제가 생겼을 때 어떤 자세로 임하느냐에 따라서 승자와 패자로 갈리는 분수령이 된다. 자수성가한 부자들은 대부분 추진력이 있다. 안 되는 것도 되게 만들려고 한다.

"그렇게 싼 값으로 고속도로를 어떻게 놓느냐."

"우리 형편에 조선소 건설이 웬 말이냐."

"그 엄청난 물량을 바지선에 실어 울산에서 주베일 항만까지 해양 수송이라니."

고정관념 안에서 생각하는 사람들의 말이다. 이런 사람들에게 현대 정주영 회장은 정신이 나간 사람으로 보였을 것이다. 그는 사람들이 "당치 않다, 불가능하다"는 말을 할 때 "된다, 할 수 있다"는 말을 전했다. 정주영 회장은 사업을 할 때 문제가 있는 것을 당연하게 여겼고 해결할 수 없는 문제는 없다는 자세로 모험을 마다하지 않았다.

정주영 회장은 남들은 5년 걸릴 조선소 건설과 선박 건조를 2년 3개월 만에 해냈다. 조선소를 지어놓고 난 뒤에 선박 건조를 한다는 상식의 테두리를 무시하고 자신이 생각해낸 방식대로 추진했기 때문에 가능했다. 정주영 회장의 자서전《이 땅에 태어나서》에는 이런 글이 실려 있다.

'장애는 돌파해야지 비켜가는 것이 습관이 되면 반드시 극복하지 않으면 안 되는 일에 부딪혔을 때도 비켜 갈 궁리만 하게 된다. 그야말로 불도저처럼 무섭게 밀어붙이면 이루어진다. 나는 내 '불도저'에 생각하고 계산하고 예측하는, 성능이 그다지 나쁘지 않은 머리라는 것을 달고 남보다 훨씬 더 많이, 더 열심히 생각하고, 궁리하고, 노력하면서 밀어붙였다.'

나는 문제해결사 정주영 회장을 본받기로 했다. 그래서 '안 된다'는 말은 입에 담지 않는다. '된다', '될 때까지 한다'는 말을 자주 한다. 그리고 되게 만드는 방법을 끝까지 찾는다. 끝까지 하는 게 되게 만드는 것이다.

스노우폭스 김승호 회장의《김밥 파는 CEO》에도 이와 비슷한 얘기가 나온다.

"조지아 주의 마음에 드는 한 슈퍼마켓 체인에 벌써 경쟁회사가 들어가 있습니다."

"그럼 더 좋지. 우리가 무얼 잘 하는지 비교할 수 있잖아요."

"플로리다는 너무 더워서 김밥이 팔릴까요?"

"무슨 소리야. 바다가 있으니 해산물에 거부감이 없을 것 아뇨."

고정관념의 테두리 속에 갇힌 사람에게는 아무런 문제 해결력도 기대할 수 없다. 방법을 찾으면 나오게 되어 있는데, 방법이 없다는 것은 방법을 찾으려는 생각을 안 하기 때문이다.

부자가 되려면 돈을 담아낼 그릇도 커야 한다

"누가 뭐래도 반도체를 해야겠습니다."

1983년 2월 8일 도쿄의 한 호텔에 머물던 삼성 이병철 회장은 홍진기 중앙일보 부회장에게 전화해 이렇게 말했다고 한다. 당시 반도체 시장은 미국과 일본이 90%를 장악하고 있었다. 그로부터 10년 후 삼성은 세계 메모리반도체 분야 점유율 1위를 차지했다.

흔히 사람의 도량을 그릇에 비유해 '그릇이 크다' 또는 '그릇이 작다'는 말을 한다. 삼성 이병철 회장은 "경영자는 그릇이 다르다"고 했다. 상무 그릇이 있고, 전무 그릇이 있고, 사장 그릇이 따로 있다는 것이다. 이병철 회장이 장남 상속의 관행을 깨고 막내아들 이건희를 후계자로 선택한 것은 경영자의 그릇을 보았기 때문일 것이다.

　좋은 사장이 되기는 매우 어렵다. 남들 다 하는 일을 아무리 잘한다고 해서 그를 리더라고 부르지 않는다. 리더는 말 그대로 앞으로 나아가는 사람이다. 경계선을 가장 먼저 넘어서는 사람이 리더다. 그런 리더에게 사람들은 존경심을 갖고 기꺼이 따른다.

　크게 성공한 부자들에게는 공통된 특징이 있다. 그것은 삼성의 반도체 진출처럼 과감한 결단력과 포기하지 않고 행동하는 뚝심이다. 부자들은 의사결정능력이 뛰어나다. 월급쟁이도 팀장, 임원이 되면 책임감을 가지고 적절한 판단을 내릴 수 있어야 하는데 수백억을 투자하는 부자에게 판단력은 매우 중요할 수밖에 없다. 큰 부자들이 많은 재산을 쌓을 수 있던 것도 과감하게 결단하고 투자를 잘했기 때문이다. 리스크를 안고 시기적절하게 정확한 투자를 한 게 주효했다. 이윤을 얻으려면 때로는 위험을 감수해야 한다.

돈은 기회를 만드는
사람을 찾아간다

기회가 와도 그것이 기회인지 모르고 마냥 기다리는 사람이 있다. 그러나 기회를 잡는 사람은 어떤 기회도 놓치는 법이 없다. 그 이유는 기회를 자기 스스로 만들기 때문이다.

맥도날드를 세계 최대의 프랜차이즈 기업으로 만든 레이 크록, 일본 맥도날드의 창업자 후지타 덴, 소프트뱅크 손정의 회장은 한 번 만난 인연으로 기회를 만들었다.

후지타 덴은 핸드백과 다이아몬드를 수입하는 일을 하던 중에 레이 크록을 만났고 그의 경영전략이 뛰어남을 알아챘다. 후지타 덴은 이 기회를 놓치지 않고 일본 맥도날드를 창업했다.

손정의는 고등학교 때 후지타 덴의 비서에게 전화를 했다. "후지타 사장님을 뵙고 싶습니다. 3분간 사장실에 들여보내 주십시오. 저는 그냥 곁에 서서 후지타 사장님 얼굴만 보고 있겠습니다." 결국 손정의에게 15분의 미팅 시간이 주어졌다. 손정의는 그 자리에서 "제 꿈은 사업가인데, 무슨 사업을 하면 좋겠습니까?"라고 질문했고 후지타는 "앞으로는 컴퓨터 비즈니스 시대야. 내가 자네 나이라면 컴퓨터를 하겠네"라고 말해 주었다. 손정의는 이 기회를 놓치지 않고 소프트뱅크를 설립했다.

절호의 기회를 살리는 것은 진정성과 열정, 현명함이 있기에 가능한 것이다. 레이 크록, 후지타 덴, 손정의 이 세 사람에게는 사업을 하는데 반드시 필요한 무형자산이 있었다. 레이 크록은 "용기를 가지고 누구보다 먼저 다른 것을 하라"고 했다. 기회는 이 말 속에 담겨 있다.

기회가 없다고 한탄하지 마라. 기회가 없다면 만들어라. 레이 크록처럼 가능성을 열어두고 생각하고, 후지타 덴처럼 누구를 만나든 배울 점에 집중하고, 손정의처럼 귀를 열고 경청하면 얼마든지 기회를 만들 수 있다. 기회가 없는 것이 아니라 기회가 와도 그것이 기회인지 모를 뿐이다.

끈기는 부자와 빈자를 가르는 자질이다

내셔널 파나소닉의 창립자 마쓰시타 고노스케에게 한 기자가 물었다.
"비전을 성취하려면 무엇이 가장 필요합니까?"
마쓰시타가 대답했다.

"끈기입니다."

성공하고 부자가 된 사람들은 모두 끈기를 가지고 있다. 끈기는 부자와 빈자를 가르는 자질이다. 지능이 좋고 많이 배우고 경험이 풍부해도 끈기가 없으면 부자가 될 수 없다. 부자가 되고 싶다면 낙타 같은 지구력을 길러라. 낙타는 물 없이 320km의 사막을 횡단할 수 있다. 순하지만 강하다. 엄청난 지구력과 끈기를 지니고 있다. 낙타의 환경 적응력은 타의 추종을 불허한다.

화장품 업계의 신화적 인물인 에스티 로더는 자서전에서 이렇게 썼다. "사업이란 가볍게 시도할 것이 못 된다. 사업은 오락이나 심심풀이가 아니며 자금이 있다고 되는 것도 아니다. 사업과 함께 식사하며 대부분의 시간을 사업에 관한 생각을 하면서 보내야 한다."

나는 무엇이든 바꾸고 싶은 것이 있으면 100일 동안 끈기를 가지고 계속한다. 다이어트를 할 때는 저녁 6시 이후에는 아무것도 먹지 않았고, 투자 공부를 할 때는 손에서 책을 놓지 않았으며, 종잣돈을 모을 때는 매일 100번씩 모으고 싶은 금액을 일기에 썼다. 100일만 해보면 부정적인 생각이 긍정적인 생각으로 바뀌고, 게으름이 부지런함으로 바뀌고, 나쁜 습관이 좋은 습관으로 바뀐다. 끈기를 가지고 노력하면 생활이 개선되고 무엇이든 할 수 있다는 자신감도 생긴다. 부자가 되고 싶은 비전을 가지고 있다면 그것을 성취하는 동력이 필요하다. 그것은 바로 '끈기'다.

신용을
목숨처럼 여긴다

어느 날 사업가가 찾아와 돈을 좀 빌려달라고 부탁했다. 반드시 성공할 수 있는 사업인데 돈이 없어서 못 하고 있다며 사업계획서를 내밀었다. 나에게 오기 전에 이미 돈을 융통할 수 있는 곳에는 다 가보았을 것이다. 그는 자본이 없는 것이 아니라 신용이 없는 사람이었다. 그동안 사람들에게 신용을 쌓아놓지 못했기 때문에 여기저기 손을 벌려도 거절을 당했을 것이다. 평소에 정직하다는 평판을 듣고 신용을 얻었다면 그 자본을 밑천으로 무슨 사업이든 시작했을 것이다.

우리는 신용사회에 살고 있다. 돈은 신용으로 움직인다. 신용이 없으면 은행에서 돈 만 원도 빌릴 수 없다. 그런데 어떤 사람은 신용만으로 1억 원을 대출받는다. 같은 돈도 신용 등급에 따라 이자가 다르다. 이것이 신용이 가진 힘이다. 장사나 사업을 할 때 신용이 없으면 직원을 내 사람으로 만들 수 없고, 고객에게 불신을 사고, 거래처로부터 납품을 받을 수 없다. 신용을 잃으면 기회를 얻을 수 없고 부를 축적할 수도 없다. 부자는 '신생신사(信生信死)'라는 말을 자주 한다. 신용에 살고 신용에 죽는다는 말이다. 약속을 자주 어기고 신용이 없는 부자는 자산관리를 하기 어렵다.

사람들이 나를 믿어주면 신용이 있고, 안 믿는다면 신용이 없는 것이다. 평소에 내가 어떻게 살았는지는 신용하는 수준을 보면 알 수 있다. 착실하고 정직하게 살아야 한다.

장사를 해서 큰돈을 번 어느 식당 사장은 업체로부터 받은 식재료의 질이 나쁜 것을 알고 그날 장사를 하지 않기로 결정했다. 가게 문에 글을 하나 써서 붙였다. '오늘은 재료가 나빠서 장사를 못 합니다. 죄송합니다.' 이 식당은 정직한 사장의 결정 때문에 많은 사람에게 소문이 퍼졌고 그 이후로 더 장사가 잘 되었다. 돈을 벌어도 정직하고 떳떳하게 벌어야 한다. 남을 속이고 불법을 저질러서는 부자가 될 수 없다. 요즘 소비자는 물건 하나를 사도 직원이나 거래처에 갑질을 하는 회사 것은 사지 않고 심지어 불매운동까지 벌인다. 착한 기업만 살아남는 시대다. 신용이 힘이다.

메가스터디그룹 부회장 김성오는 《육일약국 갑시다》에서 말했다. "정직은 은행의 예금통장과 같다. 자신이 넣은 정직은 신용과 믿음이라는 확실한 이자를 남긴다. 오래도록 쌓은 신용은 다른 사람이 훔쳐갈 수도, 빼앗을 수도 없는 성공의 필수 요건이며, 실패하더라도 재기할 수 있는 큰 밑천이 된다."

신용이 돈이다. 신용은 은행거래를 할 때도 영향을 미치기 때문에 높을수록 좋다. 금융회사는 금액에 관계없이 대출금을 3개월 이상 연체하거나, 5만 원 이상의 신용카드 대금을 3개월 이상 연체할 때 신용불량자로 분류하여 금융 거래에 제재를 가한다. 신용카드보다는 체크카드를 사용하는 것이 지출을 줄이는 방법이지만, 만약 신용카드를 사용하고 있다면 사용대금을 연체하지 말고 제때 갚아야 한다. 또한 마이너스통장을 한도에 가깝게 3개월 이상 사용해도 연체 가능성이 있다고 보고 신용등급이 낮아질 수도 있다. 부자는 신용이 없는 사람을 단지 돈을 제때 갚지 못한 사람이 아니라 믿을 수 없는 사람으로 낙인 찍는다.

부자는
냉정하게 판단한다

우리는 몇만 원짜리 물건을 살 때 브랜드, 가격, 색상, 장점, A/S 여부 등을 꼼꼼하게 살핀다. 그런데 은행에 가서 상품에 가입할 때는 직원의 말을 합리적으로 의심하지 않고 수백 수천만 원의 돈을 맡긴다. 상품의 위험성이나 중도 해약시의 실손은 고려하지 않고 수익률에만 귀를 쫑긋 세운다. 금융기관의 직원은 고객의 입장에서 상품을 권하는 것 같지만 사실은 은행의 수익이 높거나 직원의 판매 인센티브가 많은 상품을 권하는 경우가 많다.

펀드에 가입할 때도 주의해야 한다. 펀드는 저축상품이 아니라 투자상품이다. 고수익 상품일수록 위험성도 크다. 그러나 판매자들은 그럴듯한 자료를 보여주면서 수익률이 높다는 것만 강조한다. 인기가 많은 펀드라고 해서 앞으로도 잘 나간다는 보장은 없다.

또 보험설계사는 어떤가. 그들은 가입한 보험이 있다고 하면 기존에 가입한 상품이 현재 내 상황과 맞지 않는다고 하면서 기존 보험을 해지하고 새로운 보험에 가입하라고 권유한다. 그 이유는 보험 계약자를 위한 것이 아니라 높은 수당을 받기 위해서다. 보험이 목적에 맞게 효과적으로 설계되었는지 보장 항목을 꼼꼼히 따져보고 새는 돈을 막아야 한다.

은행, 증권사, 보험회사는 절대로 손해 나는 일을 하지 않는다. 그들의 말만 듣고 돈을 맡기거나 투자했다가 손해가 났을 때의 책임은 그들이 지는 게 아니라 온전히 내가 감당해야 한다.

부동산을 매매할 때도 마찬가지다. 내가 건물을 10억 원에 내놓았다고 가정해보자. 중개업자는 매수인과 계약금액에 대해 서로 협의를 한다. 매수인 입장에서는 싸게 사고 싶고, 매도인 입장에서는 한 푼이라도 비싼 가격에 팔고 싶은 것이 당연지사다. 가격 조율 과정에서 10억 원에 내놓은 건물을 8억 9천만 원까지 깎아준다고 하면 중개업자는 나에게 너무 많이 깎아준다고 만류한다. 그러면서 9억 원까지만 깎아주라고 권유한다. 왜 그렇게 할까? 8억 9천만 원과 9억 원은 중개 수수료가 두 배 가까이 차이가 나기 때문이다. 과연 공인중개사는 매도·매수인의 입장에서 중개하는 것일까? 처음에는 여러 가지 이유를 만들어 나에게 깎아주라고 권유한다. 그러나 정작 수수료율 차이가 구간 이하로 거래될 것 같으면 태도를 금방 바꾼다. 물론 모든 공인중개사가 그렇다는 것은 아니므로 오해하지 않기를 바란다.

232

소중한 돈을 잃지 않고 자산이 늘어나기를 바란다면 금융기관의 제안은 그저 하나의 의견일 뿐이라고 생각하는 것이 좋다. 스스로 판단하고 결정해야 한다. 그렇게 하려면 공부하고 경험을 쌓으면서 확실한 실력을 키워야 한다. 그 누구도 나를 대신해 돈을 불려주지 않는다.

앙드레 코스톨라니의 《돈, 뜨겁게 사랑하고 차갑게 다루어라》에는 이런 말이 나온다. "투자는 부와 파산 사이를 오가는 위험한 항해이다. 이때 필요한 것은 훌륭한 배와 똑똑한 항해사일 것이다. 훌륭한 배란 무엇인가? 돈, 인내, 강인한 신경으로 무장한 배이다. 똑똑한 항해사는 어떤 사람인가? 경험이 풍부하고 주체적으로 생각하는 사람이다."

은퇴 후의 인생을
미리 설계한다

　누구나 행복하고 풍족한 노후를 보내기를 바란다. 그러나 우리나라는 세계에서 가장 빠른 속도로 고령화가 진행되고 있고, 선진국처럼 잘 갖춰진 사회복지나 연금 등이 부족하다. 은퇴자금을 제대로 마련하지 못하여 65세가 넘은 노년층 빈곤율이 상당히 높다. 노후자산의 대부분은 집 한 채이고, 현금, 예금, 주식, 채권 등의 금융자산의 비중은 매우 낮다. 그러니 은퇴하고 다른 소득이 없으면 빈곤하게 살 수밖에 없다. 노후준비를 안 하고 싶어서 안 한 것은 아니다. 적은 월급으로 먹고살고, 대출받아 집 사고, 아이들 교육시키고 결혼시키다 보니 정신없이 은퇴 시기를 맞게 되었다. 2020년 9월에 통계청이 발표한 '2020 고령자 통계'에 따르면, 지난해 기준으로 65세 이상 고령자 중 48.6%만이 본인의 노후준비를 하고 있거나, 준비가 돼 있는 것으로 집계됐다. 고령 인구 2명 중 1명은 노후 준비가 제대로 되지 않은 것이다.

직장인은 돈을 벌 수 있는 기간이 한정되어 있다. 20대 중후반에 취직해서 60세까지 길어야 35년 정도밖에 일할 수 없다. 60세에 은퇴하여 80세까지 산다고 가정하면(보건복지부가 분석한 'OECD 보건통계 2019' 자료에 따르면 한국인의 평균수명은 82.7세다) 20년 동안 필요한 자금은 얼마 정도일까? 노후에 최소생활비를 현재 가치로 월 200만 원으로 잡을 경우에는 4억 8,000만 원이다. 그러나 중요한 것은 노후에 필요한 자금에 대해 대강 월 200만 원이 필요할 것이라고 막연히 생각하기보다는 실제로 얼마나 들지 노후생활비를 구체적으로 따져보는 것이다. 국민연금, 개인연금, 퇴직연금, 주택연금 등 다양한 노후대비 수단에 대해서도 알아보고 젊었을 때 어떻게 준비하고 운용할지 진지하게 고민해야 한다. 적은 돈이라도 매달 주식이나 펀드에 적립하면 복리의 마법을 기대할 수 있다. 하루라도 빨리 시작하고 더 많이 적립하고 더 수익률을 높이기 바란다.

퇴직한 60대 가장은 한창 일할 나이여서 두 가지 선택 사이에서 고민한다.

첫째, 재취업에 도전한다. 그러나 대부분은 저임금 비정규직이다.

둘째, 퇴직금을 밑천으로 자영업에 뛰어든다. 장사는 만만치 않다. 국세청 자료를 보면 가게 문을 연 이후에 5년을 버티는 자영업자는 10명 중에 3명뿐이다. 결국 노후자금을 마련하기 위해 자영업에 뛰어들었다가 망해서 빚만 더 늘어난 사람들이 많다. 망하지 않고 살아남더라도 소득이 많은 게 아니라 자기 인건비 정도만 가져가는 수준이다.

결국 가장 현명한 방법은 노후준비를 미리 설계하여 매달 300만 원씩 생활비가 나오는 시스템수익을 늘리는 것이다. 직장인으로 일하면서 ① 주식이나 펀드에 투자하거나 ②수익형 부동산에 투자하여 임대소득을 받는 구조를 만들거나 ③연금저축펀드에 가입하는 것이다.

한 살이라도 젊을 때 돈이 생기면 주식이나 펀드에 투자해서 오래 보유하라고 말하고 싶다. 주식이나 펀드는 원금을 손해 볼 수 있는 위험자산이기는 하지만 우량기업 주식을 사서 10년 이상 보유하면 실질적으로는 안전자산에 가깝다. 또는 목돈을 마련해서 레버리지를 통해 부동산을 구입하고 그것을 활용하여 수익형 부동산에 투자하라고 권하고 싶다. 그리고 연금저축펀드는 꼭 가입하기를 바란다. 원금 손실이 싫다면 연금저축보험에 가입해도 된다. 연금저축펀드는 수수료가 저렴하고 다양한 투자가 가능하며 장기수익률도 높은 장점이 있다.

은퇴 준비, 돈이 전부가 아니다

피터 드러커에게 기자가 물었다.

"언제 은퇴하세요?"

그러자 피터 드러커가 되물었다.

"어떻게 해야 은퇴하는 건데?"

많은 사람들이 은퇴 후의 삶을 설계한다. 하지만 은퇴 후에 의미없이 쉬고 계획없이 빈둥거리다 보면 지치고 무기력해지기 쉽다. 피터 드러커 처럼 자신이 하는 일을 사랑하는 사람은 은퇴가 없다.

내가 아는 선배는 60세에 회사에서 퇴직했다. 퇴직금도 많이 받았고, 다행히 은퇴 이후의 경제적인 문제에 대비를 해두었다. 그러나 집에서만 시간을 보내는 것은 너무 따분하고 아내에게도 눈치가 보인다고 했다. 은퇴 이후 어떻게 여생을 보낼지에 대해 계획을 세워두자. 취미를 만들 거나, 작은 모임, 봉사단체 등에 가입하여 나에게 맞는 사회활동을 조금 씩 해야 한다. 특히 아내와 같이 할 수 있는 취미를 만들면 더욱더 좋다. 나는 은퇴해서 하고 싶은 일이 많이 있다. 예를 들면 이런 것이다.

1. 은퇴나 자산관리에 관한 책을 쓰고 강연을 한다.
2. 장학재단을 설립한다.
3. 농사짓는 법을 배운다.
4. 봉사활동을 한다.

존 이조가 235명의 지혜로운 인생 선배들을 인터뷰하고 쓴 《오늘은 세상에 이별하기 좋은 날》에는 93세의 화가 존이 등장한다. 그는 너무 빨리 노인 역할에 안주하는 중년들에게 이렇게 말한다.

"가끔 사오십대 사람들과 대화를 나누는데, 그들은 삶이 거의 다 끝난 것처럼 이야기해요. 그런 사람들에게 꼭 해주고 싶은 말이 있어요. '이보게, 자네가 어른이 된 지는 고작 20년이나 25년밖에 안 됐어. 인생을 이해하기에는 충분한 시간이 아니지. 내 나이쯤 돼야 어른이라고 할 수 있는 거야. 죽기 전에 또 다른 완전한 삶을 살 수도 있어. 이런 삶이 두 번이 될 수도 있지. 그러니 자신을 포기하면 안 돼."

은퇴했다고 삶이 거의 끝난 것은 아니다. 또 다른 제2의 인생이 기다리고 있다. 노후준비를 해 놓고 은퇴 후에 행복하게 살아가기를 바란다.

참고 문헌

권명중, 《거상 임상옥의 상도 경영》, 거름, 2002

김성오, 《육일약국 갑시다》, 21세기북스, 2013

김성호, 《1승 9패 유니클로처럼》, 위즈덤하우스, 2010

김승호, 《김밥 파는 CEO》, 황금사자, 2011

김형석, 《백 년을 살아보니》, 덴스토리, 2016

레이 크록, 이영래 역, 《사업을 한다는 것》, 센시오, 2019

레이 크록, 장세현 역, 《성공은 쓰레기통 속에 있다》, 황소북스, 2011

로버트 기요사키, 안진환 역, 《부자 아빠 가난한 아빠》, 민음인, 2012

류쉬안, 원녕경 역, 《심리학이 이렇게 쓸모 있을 줄이야》, 다연, 2018

리드 헤이스팅스, 에린 마이어, 이경남 역, 《규칙 없음》, 알에이치코리아, 2020

마단 비를라, 김원호 역, 《페덱스 방식》, 고려닷컴, 2007

마쓰시타 고노스케, 남상진, 김상규 역, 《마쓰시타 고노스케, 위기를 기회로》, 청림출판, 2010

무천강, 이에스더 역, 《하버드 부자 수업》, 리드리드출판, 2020

벤 스타인, 황해선 역, 《벤 스타인의 55가지 부자습관》, 아이디북, 2005

세바스찬 말라비, 박홍경 역, 《앨런 그린스펀의 삶과 시대》, 다산출판사, 2016

스기모토 다카시, 유윤한 역, 《손정의 300년 왕국의 야망》, 서울문화사, 2018

알렉산더 폰 쇤부르크, 김인순 역, 《폰 쇤부르크 씨의 우아하게 가난해지는 법》, 필로소픽, 2019

앙드레 코스톨라니, 김재경 역, 《돈, 뜨겁게 사랑하고 차갑게 다루어라》, 미래의창, 2015

애슐리 반스, 안기순 역, 《일론 머스크, 미래의 설계자》, 김영사, 2015

앤드루 그로브, 유영수 역, 《편집광만이 살아남는다》, 한국경제신문, 1998

앨리스 슈뢰더, 이경식 역, 《스노볼 1, 2》, 랜덤하우스코리아, 2009

에스티 로더, 정성호 역, 《향기를 담은 여자》, 어문각, 2001

엠제이 드마코, 신소영 역, 《부의 추월차선》, 토트출판사, 2013

이경식, 《이건희 스토리》, 휴먼앤북스, 2010

장옌, 김신호 역, 《알리바바 마윈의 12가지 인생강의》, 매일경제신문사, 2014

정약용, 박지숙 편, 《유배지에서 보낸 정약용의 편지》, 보물창고, 2015

정주영, 《이 땅에 태어나서》, 솔, 2015

제임스 앨런, 임지현 역, 《위대한 생각의 힘》, 문예출판사, 2013

조정래, 《정글만리》, 해냄, 2013

존 이조, 박윤정 역, 《오늘은 세상에 이별하기 좋은 날》, 랜덤하우스코리아, 2009

짐 테일러, 더그 해리슨, 스티븐 크라우스, 이진원 역, 《새로운 부자들》, 마젤란, 2011

토머스 J. 스탠리, 윌리엄 D. 댄코, 홍정희 역, 《백만장자 불변의 법칙》, 리드리드출판, 2017

토머스 J. 스탠리, 정석훈 역, 《백만장자 마인드》, 북하우스, 2007

프랭크 매클린, 조행복 역, 《나폴레옹 야망과 운명》, 교양인, 2016

피터 드러커, 조영덕 역, 《피터 드러커 자기경영노트》, 한국경제신문, 2020

피터 린치, 존 로스차일드, 이건 역, 《전설로 떠나는 월가의 영웅》, 국일증권경제연구소, 2017

헨리 포드, 이주명 역, 《나의 삶과 일》, 필맥, 2019

후루야 사토시, 김소영 역, 《장사는 돈 관리다》, 쌤앤파커스, 2019